PALMÉNOR,

OU

LA MAGIE NATURELLE.

TOME II.

PALMÉNOR,

OU

LA MAGIE NATURELLE,

HISTOIRE ORIENTALE,

CONTENANT

Des détails nouveaux sur les Mœurs, les Usages, et le Gouvernement actuel de la Perse;

PAR F. A. P. M....., ancien Officier d'artillerie.

Regardons le malheur passer dans ce séjour,
Comme une sombre nuit que doit suivre un beau jour.

TOME SECOND.

PARIS,
BECHET, Libraire, quai des Augustins, n° 63.

1813.

PALMÉNOR,

OU LA

MAGIE NATURELLE.

CHAPITRE PREMIER.

L'homme résiste à l'infortune, au désespoir, à la douleur; il succomb e au remords.

Idalkan s'étoit arrêté aux portes du souterrain, où sa vengeance et son orgueil venoient de précipiter Palménor : il revint ensuite au palais, donna quelques instans au gouvernement de l'état, et s'enferma bientôt dans son harem, parmi les beautés nombreuses dont il étoit rempli ; mais l'inquiétude et la crainte l'accompagnoient sans cesse, et jetoient le plus grand trouble dans son esprit et dans son cœur. Elles ne tardèrent pas à le ramener dans la salle isolée du trône, où, se promenant d'un air sombre et agité : C'est en vain, se disoit-il, que je cherche à me faire illusion sur les discours de Palménor et de Kaled... Affreuses vérités ! qui m'importunent, et, se mêlant aux cris d'une conscience éperdue, viennent sans relâche me glacer de terreur..... Fatigué de ces sons odieux, j'ai voulu les fuir au sein des voluptueux concerts de mes belles odalisques : mon oreille, insensible désormais aux charmes de la plus douce mélodie, ne s'ouvroit qu'aux terribles accens du remords.... Il me semble que l'Eternel a les yeux fixés sur moi, et qu'au milieu des feux menaçans de son tonnerre, il me présente sa loi écrite en traits ardens sur le sombre azur d'un nuage... Horrible situation !... j'en veux sortir.... Loin de moi, remords inutiles.... l'espérance me luit encore.... Cependant, je ne pourrai triompher aussi long-temps que l'attachement d'Alzéïde pour Palménor ne sera pas rompu sans retour; et je ne puis me promettre ce changement que du trépas de mon rival.... Eh bien ! son sort est décidé : qu'il périsse !... Donnons le signal qui doit soudain faire paroître à mes yeux les noirs agens de mort pour l'exécution de mes volontés....

L'indigne fils de Solyman frappe trois fois dans ses mains ; mais le bruit se perd aussitôt dans le murmure prolongé d'un grand coup de tonnerre, qui saisit le coupable d'un invincible effroi. Soudain la voix du génie invisible se fait entendre : Idalkan, lui dit-il, l'être supérieur qui commande à mes semblables, et dont la volonté, si j'osois désobéir, peut me reléguer dans un instant au-delà des limites de la nature, me rappelle en ces lieux pour te manifester ses desseins irrévocables. Protecteur invisible d'un monarque infortuné, répond Idalkan, parle, quels sont tes ordres ?

Tu vas les entendre, reprend le génie : Jusqu'à présent, des pouvoirs qui ne furent jamais confiés aux mortels, t'ont rendu capable de lever la verge de l'adversité contre ton frère : comme c'est d'eux seuls que tu tiens cette supériorité, il t'est maintenant défendu de lever le glaive contre sa vie... Au moment que tu concevras la pensée de le faire périr, commencera la punition de ta révolte, et les horreurs de la mort tomberont sur toi. — Qu'ai-je entendu ?... Si ce terrible pouvoir protége Palménor, je suis condamné à ne plus connoître ni repos, ni sûreté, ni plaisir !....

— Ecoute : la main pesante du désespoir n'est pas encore sur ta tête. Tu ne peux être heureux que par la mort de ton frère, et l'arrêt du ciel te défend d'attenter à ses jours ; mais tu peux l'armer contre lui-même, et s'il périt de sa propre main, tes désirs seront pleinement satisfaits.

O divin génie ! s'écrie le sultan avec une joie féroce, apprends-moi, nomme seulement les moyens, et je les emploie au même instant... — N'as-tu pas quelqu'un, dans cette cour superbe, à qui tu puisses te confier ? un ami capable ?... — Un ami !... hélas ! je le dis avec désespoir, mes premiers favoris sont des traîtres ; je soupçonne tous mes courtisans d'être également perfides, et tant que Palménor existera.... — Reprends courage : il se trouvera quelque mortel digne de ta confiance. Qu'il soit introduit secrètement près de ton frère, comme s'il y venoit à la dérobée ; qu'il témoigne de l'horreur pour ton règne, de la pitié pour ses infortunes ; qu'il lui dise que sa mort est certaine ; mais qu'il peut éviter les tourmens que tu lui prépares ; et qu'alors il lui présente un poignard comme l'instrument de sa délivrance : peut-être se donnera-t-il de sa propre main le coup qui doit te rendre le repos. — Mais, qui chargerai-je d'exécuter ce grand dessein ? — Qui ?.... toi-même.

N'est-il pas en ton pouvoir de prendre la forme de celui que tu voudrois en charger?

Ce seroit Osmar, répond le prince, en regardant l'anneau, si je ne le connoissois pas pour un traître... — Prends donc la figure d'Osmar. Le calme règne autour de toi : fais appeler cet Osmar dans le cabinet mystérieux, où Kaled se retiroit pour ses méditations nocturnes (1); et lorsque tu auras pris sa ressemblance, je fermerai ses yeux avec le sceau du sommeil, jusqu'à ce que l'enchantement doive cesser. Tu vois bien qu'alors on ne pourra rien tenter contre toi, et que ta métamorphose ne sera connue que de toi-même. Adieu ; je ne m'éloigne point de ce palais : suis mes instructions.

Le sultan ne put exprimer sa reconnoissance ni sa joie. Il se retira sur-le-champ pour exécuter le conseil du génie, et visiter Palménor dans son cachot....

CHAPITRE II.

> Dieu juste ! protége le courage d'Alzéïde : elle sert l'innocence, l'amour et le malheur.

TRANSPORTONS-NOUS maintenant dans l'effroyable demeure qu'habite le vertueux Palménor. C'est un vaste souterrain, éclairé par des lampes, dont la lueur incertaine projette çà et là des ombres épaisses ; à droite et à gauche sont deux portes pratiquées dans le roc vif ; l'une est celle d'un cachot, et l'autre du logement des gardes ; vers le fond s'élève une grille immense, au-delà de laquelle l'œil se perd dans l'obscurité. La fille de Kaled et sa fidelle Irza, travesties en esclaves noirs, sont placées, par les soins d'Osmar, à l'entrée et en-dedans de la grille : elles ont un sabre nu à la main.

Hélas ! disoit Zamiet en sortant du logement des gardes, combien, dans un seul jour, ma fortune a subi de révolutions ! Je me lève chef des eunuques ; je deviens ensuite gouverneur du palais ; me voici maintenant gardien du prince Palménor. Que serai-je demain au gré du capricieux Idalkan ? Peut-être élevé au rang de premier visir, ou peut-être aussi précipité dans le tombeau, loin de mes trésors.... Mais, tandis que je suis tête à tête avec l'ennui dans ce noir séjour, si mon rival profitoit de la circonstance pour séduire la belle Irza !... Non, celle que j'adore est maintenant sous ma clef, avec Alzéïde presque mourante.... Je n'en suis pas moins furieux contre Osmar.... O jalousie ! inspire-moi quelques bons moyens de vengeance.... Osmar est grand-visir, et paroît aimé de la perfide ; moi, je n'ai qu'une place obscure, et je me crois victime de l'amour... Au ressentiment que je dois éprouver, se joint encore une juste crainte pour la sûreté de ma personne : Osmar n'a pas voulu s'engager dans la révolte que je proposois en faveur de Palménor ; ma vie est à la discrétion de cet ambitieux, qui peut, à la moindre offense, ou dans le plus léger accès de mécontentement, découvrir mon secret au roi, dont je ne puis attendre qu'une mort certaine..... Pour assurer ce fatal secret, il faudroit saisir la première occasion favorable de perdre mon ennemi; mais il ne m'en fournit aucune!... Tâchons de lui épargner ce soin.... Oui, je veux lui succéder après sa mort, comme il a succédé au vieux Kaled, qui est à présent réduit à errer autour du palais qui renferme sa fille. C'est alors que je triompherai d'Irza, d'Irza dont l'orgueil me traite.... comme ces nègres hideux, que le seigneur Osmar m'a donnés pour les plus effrayans de tous les muets du harem, et que je vois là s'entretenir des mains et des yeux. Assurément le seigneur Zamet ne sauroit être comparé à de tels monstres, et sans vanité.... J'entends du bruit ; soyons sur nos gardes.

Le père d'Alzéïde, ayant pénétré dans le souterrain, paroissoit en dehors de la grille; c'est Kaled, dit en lui-même Zamet... Que vient-il faire dans ce lieu redoutable?... Il veut peut-être voir Palménor, et va m'offrir quelque présent, car il a sans doute un trésor caché, et lorsqu'il étoit ce que je compte devenir, il passoit pour très-économe.

Cependant Kaled témoignoit par signes aux prétendus muets qu'il désiroit entrer ; Alzéïde vint prendre de même les ordres de Zamet, qui, après un moment d'hésitation, permit l'introduction de Kaled, et courut prendre ses clefs dans le logement des gardes. Dieu juste ! disoit en son cœur l'amante de Palménor, protége les efforts d'Alzéïde, et fais qu'aucun regard ne puisse la reconnoître, pas même ceux du sage Kaled !...

Zamet revient, et donne le clefs au faux muet ; Alzéïde et Irza ouvrent la grille avec peine ; Kaled entre, la grille est refermée. Ce jeune muet, observe l'eunuque, n'est pas mal tourné ; je le trouve leste et intelligent ; mais il n'est pas fort, et la laideur de son visage... Ah ! il est affreux !... Zamet, s'entendant appeler par Kaled qui s'avançoit vers lui, trouva que le titre de seigneur paroissoit coûter singulièrement à ce visir disgracié. Kaled, répondit-il d'un air grave, que me veux-tu ? — L'infortuné Palménor... — Je comprends, dit l'eunuque avec dureté ; tu désires le voir ; mais cela est défendu. Puis, il ajoute avec intention : Si je le permettois.... Sais-tu quelle seroit la récompense?... — Ta ruine, peut-être. Mais je viens.... — Je n'accorderai pas cette permission, reprit-il fièrement. A moins... laisse-t-il entendre à voix basse, et en s'adoucissant, que je ne voie briller une somme proportionnée au péril. — Suis ton devoir, reprend Kaled; je ne veux point t'en détourner. J'ose t'inviter seulement à traiter Palménor avec l'humanité, la douceur...

Qui me caractérisent, interrompt Zamet avec colère... Je n'ai pas besoin de conseils, ministre sans pouvoir. Tu me les donnes pour cacher ton premier dessein, que mon accueil a renversé... Oui, tu venois ici pour me séduire, pour voir le prisonnier, peut-être aussi pour lui fournir un moyen d'évasion.... Tu ne sais donc pas que le seigneur Zamet, toujours fidèle à son prince, possède une ame incorruptible ?

Kaled ne répondit à l'insolent

esclave que par un sourire où se peignoit une froide ironie. Mais l'eunuque, s'apercevant qu'Alzéïde et Irza lui font des signes : Eh bien! se dit-il avec inquiétude, que me veulent ces muets avec leurs gestes multipliés ? Ils m'appellent.... se passeroit-il quelque chose d'extraordinaire au-delà de cette grille ?... Kaled seroit-il venu ici pour captiver mon attention, pendant que ses amis tenteroient de pénétrer dans le souterrain ?...

Ayant pris ainsi l'alarme, il dit au visir : Reste-là ; n'approche point de ce cachot ; je reviens à l'instant. Et il se rend avec empressement auprès des muets qui le retiennent en cherchant à l'occuper. Cependant Kaled réfléchissoit sur le périlleux dévouement d'Alzéïde. Osmar a dit vrai, pensoit-il : favorisées par lui, ma fille et Irza ont fui secrètement du harem ; elles sont là travesties en esclaves muets..... Alzéïde, l'amour seul peut t'excuser. Puisse cette témérité ne point t'être fatale !... Ma fille retient Zamet dans la pensée que je veux pénétrer auprès de Palménor, et tenter de le secourir... Mais, que puis-je contre la destinée ?... Bornons, en ce moment, mes soins à surveiller l'humanité de Zamet. Tout ce qui m'est cher respire dans ce vaste souterrain : ne nous éloignons pas.

Kaled, lui dit l'eunuque en revenant et avec humeur, sors mainte nant, et garde-toi de reparoître e ces lieux. Le père d'Alzéïde se retire ; la grille s'ouvre. Au moment où il disparoît dans les profondeurs du souterrain, son indigne élève, le coupable Idalkan, qui vient de prendre la figure d'Osmar, se présente hors de la grille, que les faux muets ont refermée.

CHAPITRE III.

> Le dernier soupir qui sortira de ses lèvres, sera pour bénir l'amour et l'amitié.

Je n'ai pu rien comprendre, disoit en lui-même le chef des eunuques, aux signes bizarres de ces muets. Au reste, tout me paroît tranquille, et.... Que vois-je! Osmar!... Allons ouvrir nous-mêmes à ce nouveau ministre, qui ne le sera pas long-temps; recevons-le avec toutes les démonstrations possibles d'attachement et de respect, et tâchons de nous en débarrasser bientôt.... La grille est ouverte à Idalkan par le perfide esclave, qui la referme ensuite, prend les clefs, et accompagne d'un air respectueux celui qu'il croit être Osmar, jusqu'auprès du cachot de Palménor.

Zamet, lui dit le prince avec fierté, je viens ici par l'autorité du roi : voyez son ordre. Je m'en rapporte au grand visir Osmar, répond Zamet après avoir lu. Son mérite suprême, la faveur dont il jouit auprès des souverains et des belles.... A propos, seigneur, oserai-je m'informer de vous, si la charmante Irza... — Elle est auprès d'Alzéide, que personne ne peut aborder. — Pas même vous, seigneur ? — Pas même le prince, qui respecte la douleur où elle semble plongée. Mais, ajoute Idalkan d'un ton sévère, exerces-tu dans cette prison une exacte surveillance ?...—Très-exacte.—Cependant, j'ai aperçu tes clefs dans les mains de ces esclaves ? — Leur fidélité m'est connue. — Il semble qu'on ait choisi les plus foibles pour la garde du souterrain. — D'autres sont en ce lieu, dans le logement des gardes, prêts à paroître au premier signe. — C'est assez. Fais venir Palménor en ma présence. — J'obéis.

Insolent rival ! se dit Zamet en allant ouvrir le cachot, ton air sombre et orgueilleux annonce sans doute quelque noire intention... Je saurai te prévenir. Tandis qu'il exécute l'ordre d'Idalkan, celui-ci se promet bien de suivre avec prudence les instructions du génie. Zamet ne tarde pas à reparoître, suivi de Palménor enchaîné. Seigneur, dit l'eunuque au sultan, l'air que l'on respire dans un cachot si mal-sain peut s'étendre jusqu'à vous et vous être nuisible; je vais vous faire préparer par un de mes esclaves un breuvage qui détruira la malignité de cet air contagieux... — Laisse-nous, répond Idalkan.

Zamet rentre dans le logement des gardes, et laisse le tyran déguisé avec sa victime sans défense. Pendant leur entretien, Alzéïde va éprouver les plus vives sollicitudes, et son cœur les épanchera dans le sein de sa fidèle compagne. Osmar, dit avec fermeté le frère d'Idalkan, ce breuvage n'est-il pas plutôt destiné à Palménor?... — Non... — J'entends, reprend avec calme le jeune prince, en désignant Alzéïde et Irza : ces muets vont être les ministres de la mort que tu viens m'annoncer.

Déjà la fille de Kaled s'est approchée pour entendre ; Irza l'entraîne et l'oblige de rester auprès d'elle. Ecoute, répond le sultan à demi-voix, et regardant autour de lui : je suis en ces lieux par l'ordre du roi pour t'annoncer un destin dont je veux t'aider à prévenir l'amertume. Ici Zamet reparoît et les écoute sans en être aperçu. Hélas ! dit le prince, que sais-tu de mon malheureux sort qui t'ait pu faire exposer ta propre vie au danger de ce service ? — Les vœux secrets de mon cœur, répond le faux Osmar, ont toujours été pour Palménor ; mais, en cet instant, j'agis presque sans péril pour moi-même. Si je suis le messager du mal, ne l'impute qu'à celui dont il vient. La torture se prépare en ce moment pour toi : tout ce que l'art d'une ingénieuse cruauté peut imaginer ne manquera pas d'être épuisé pour rendre l'agonie de la mort plus lente et plus douloureuse... — Eh ! quelle offre ton amitié vient-elle me faire?... — Palménor, répond Idalkan à voix basse et s'approchant de lui, je t'offre un secours par lequel tu passeras soudain dans ces régions où le méchant cesse de nuire, où le malheureux goûte un éternel repos. Tiens, ajoute-t-il, en tirant un poignard de son sein et le présentant à Palménor, prends cette arme et dors en paix. Palménor, saisissant le poignard avec joie et le cachant dans sa ceinture : O bienfaisant mortel! dit-il à son barbare frère, je ne puis exprimer ma reconnoissance qu'en te serrant contre mon cœur.

Il l'embrasse. Zamet se retire. Les messagers de mort vont bientôt paroître, reprend Idalkan, pour te traîner au lieu du supplice : hâte-toi... — Ils ne me préviendront pas, et le dernier soupir qui sortira de mes lèvres sera pour bénir l'amour et l'amitié! — Voici Zamet... dissimulons cet entretien. Ah! se dit-il en lui-même avec une joie féroce, je triomphe!...

Palménor s'éloigne de quelques pas. Zamet, tenant une coupe et la présentant à Idalkan : Tenez, seigneur Osmar, lui dit le traître, c'est un sorbet de roses dont la vertu est souveraine contre l'air le plus dangereux... Mon rival, pense-t-il, s'entend avec le prince, et ne m'a pas mis du secret : de toute manière il est perdu. Je te crois,

Zamet, dit le sultan prenant la coupe, et je l'accepte avec plaisir. Il boit, rend la coupe à l'eunuque, et dit ensuite à Palménor : Adieu, fils de Soliman... que désormais la tranquillité règne dans votre cœur!. Zamet, je me suis égaré dans ces ténébreux détours : accompagne-moi jusqu'à l'entrée du souterrain.

Idalkan n'oublioit point qu'Osmar portoit sa ressemblance, et pouvoit s'éveiller. Il s'éloignoit, lorsque Zamet lui dit à demi-voix : Permettez, seigneur, qu'avant de vous accompagner e renferme le prince dans son cachot. — Cela n'est pas indispensable. Il ne tardera point à jouir d'une liberté bien plus étendue... Ah! je comprends, et mon ame ravie... — Tais-toi !... Remplis exactement tes devoirs, ou tu n'as pas encore une heure d'existence.

Le farouche Idalkan sort avec Zamet, qui ouvre la grille, la referme ensuite sur eux, et se console secrètement des menaces du faux Osmar par la certitude d'être vengé.

CHAPITRE IV.

> Mortel, peux-tu, sans crime, disposer de tes jours ?... Non ; le ciel t'en a prêté le flambeau, lui seul a droit de l'éteindre.

L'AMANT d'Alzéïde, se croyant seul, ou n'avoir pour témoins que deux muets insensibles, abandonnoit son ame à toute l'exaltation du désespoir. Oui, se disoit-il en tirant son poignard, oui, sans doute, Palménor va jouir d'une entière liberté !... Ce premier bien de l'homme, uni à l'absence des maux, je le trouverai dans la tombe.... Que dis-je ? d'où naît l'espérance dont je me flatte sur les bords de mon cercueil ?... Est-ce de cette persévérance dans la vertu qui nous fait remplir la tâche assignée à chacun de nous sur la terre ? Notre devoir est de souffrir avec constance ; j'ai souffert, et j'ose soudain m'affranchir du fardeau de la douleur !.... Puis-je sans crime disposer de mes jours ? Non ; le ciel m'en a prêté le flambeau, lui seul a droit de l'éteindre... Mais, hélas ! les malheurs que j'éprouve sont inouis, insupportables ; un affreux supplice doit terminer ma carrière : l'action qu'une fatale destinée me fait commettre malgré moi obtiendra grâce de celui qui tient la balance du monde entre ses mains.... Ne suis-je pas assuré qu'après une séparation de quelques instans, je retrouverai mon Alzéide pour ne la quitter jamais?...

Tandis que l'infortuné se livroit à ces réflexions terribles, son amante, suivie d'Irza, s'est approchée en silence pas à pas, et se trouve en ce moment près de lui. De toutes les grandeurs, continue-t-il, de la haute fortune que je devois à ma naissance, voilà donc ce qui me reste, un poignard!... Puis, levant le bras pour se frapper, il s'écrie: Etre clément et juste, pardonne au malheureux.... Tout à coup, la fille de Kaled pousse un cri d'effroi, saisit sa main, et le désarme. Il se retourne, regarde, s'étonne, et dit avec un transport de surprise et de joie : Me trompé-je ? grand Dieu ! c'est la voix d'Alzéïde !... Elle vole dans ses bras, et ne peut que lui dire : O mon cher Palménor !...— Alzéïde !... Ce moment inespéré m'a payé de toutes mes souffrances ! — Cruel ! tu voulois te donner la mort !... — Hélas ! d'affreux tourmens me sont destinés, et je ne pouvois m'y soustraire qu'en périssant de ma propre main. — Ciel vengeur, protége l'innocence, et daigne m'inspirer !...

Elle remet alors son arme au prince, au lieu du poignard, en lui disant : Palménor, malgré tes chaînes, prends ce cimeterre : nous sommes tous trois armés ; fuyons ce lieu terrible ; ouvrons-nous un passage à travers le souterrain, jusqu'au centre de la capitale, où bientôt tes nombreux amis, conduits par Kaled... Ah ! madame, lui dit Irza en l'interrompant, cette grille est fermée... et déjà Zamet revient à nous !... Palménor propose alors de se ranger auprès de l'entrée, Alzéïde de saisir le prétendu gouverneur, Irza de lui faire prendre la place du prisonnier. Silence ! leur recommande Palménor. Nous sommes muets, dit la jeune odalisque. Et ils se rangent aussitôt près de la grille dans les cavités du roc.

Cependant l'eunuque ouvre cette grille formidable, la referme sur lui, et ne tarde pas à se dire avec une surprise mêlée d'inquiétude : Eh bien ! me voilà seul.... où sont donc les deux noirs ?... Soudain, Palménor s'élançant vers lui, suivi des muets supposés : Zamet, lui dit-il d'un ton menaçant, remets-nous à l'instant les clefs du souterrain. Ah ! je suis perdu, s'écrie Zamet dans le plus grand effroi. Il a gagné les muets.... Esclaves ! noirs ! gardes ! au secours ! à moi ! au vo...... Irza s'efforce d'étouffer ses cris ; mais il n'est plus temps : une troupe d'esclaves armés sort du logement des gardes, et vient secourir Zamet. Palménor, Alzéïde et Irza, fondent sur eux, et combattent quelque temps ; les forces ne sont point égales : Alzéïde et

Irza sont désarmées ; le prince éprouve le même sort. Zamet, qui a toujours excité les esclaves, et s'est constamment tenu à l'écart, enlève le poignard de Palménor, le met dans sa ceinture, et s'écrie d'un air triomphant : je suis victorieux !...

Autant que brave ; observe l'odalisque.... Chut ! se dit-elle ensuite ; si je pouvois.... Qu'entends-je ? s'écrie l'eunuque avec étonnement. Cette voix.... — Est celle d'Irza, qui vous a détesté.... — Se peut-il ?... Ah ! par le divin Ali, nous allons être ensemble plus mal que jamais ! — Au contraire, si vous êtes raisonnable... — Parlons plus bas, car je devine : mais, ces esclaves ?... — On pourra les écarter, les séduire.... — J'entends du bruit.... Quelqu'un vient.... c'est peut-être Idalkan lui-même... Irza, se dit-il en secret, je t'obtiendrai de lui ! Non ! s'écrie-t-il enfin, je suis au-dessus des séductions de l'amour et de l'or; je ne connois que mon devoir... Gardes, conduisez ces faux muets dans mon appartement, et le prince dans son cachot.

A peine les esclaves ont obéi, qu'Idalkan paroît à la grille du souterrain. Cependant, poursuit Zamet, qui ne l'aperçoit point encore, je ne sais ce qu'est devenu Osmar : il a tout à coup disparu dans les rochers.... Mais, je ne le crains plus ; je dois être en ce moment délivré d'un rival odieux, qui mettoit des bornes à mon ambition, et renversoit toutes mes espérances sur le cœur de la belle Irza. Je puis donc... Ciel! voici le roi. Il s'empressa d'aller ouvrir au prince, qui avoit repris sa figure naturelle, et revenoit s'informer du destin de Palménor.

CHAPITRE V.

Les mensonges d'un vil flatteur sont pour la conscience d'Idalkan des vérités amères.

Ah ! seigneur, dit aussitôt l'eunuque à son redoutable maître, quel récit j'ai à vous faire ! que d'incidens tragiques, épouvantables, merveilleux... Parle, répond Idalkan. Rien ne m'intéresse plus, pensoit-il, que de connoître le sort de mon ennemi. Je n'ai pu résister à mon impatience ; je brûle de savoir s'il existe encore, et ne dois pas le demander.. Eh bien, Zamet?.. Seigneur, il faut que je mette un peu d'ordre dans ma narration. D'abord, votre majesté saura que son ancien visir m'a fait faire des propositions qui tendoient à corrompre la fidélité que je vous dois, et à faciliter la fuite de mon prisonnier. — Tu ne me parles point de sa situation.... Poursuis. — J'ai reçu ses offres avec un dédain... — A-t-il pénétré jusqu'en ces lieux? — Lui, seigneur? Je me suis bien gardé de le permettre... — Continue. — Il sortoit à peine, que le nouveau visir, le perfide Osmar... — Je n'ignore pas qu'Osmar est un traître; mais de quoi l'accuses-tu?... Sauroit-il, dit en lui-même Idalkan, dans quelle intention je lui ai remis le poignard?... Achève. — Il m'a demandé la liberté d'entrer, en montrant votre seing royal. J'ai douté s'il n'avoit pas été frauduleusement obtenu, sous quelque prétexte différent : j'ai néanmoins obéi, parce qu'on ne demandoit qu'à parler au prince : mais pour n'avoir rien à redouter de l'artifice, et empêcher tout projet d'évasion, j'ai, sans être vu, prêté l'oreille à l'entretien, et je n'ai que trop entendu la trahison que je soupçonnois. — Qu'as-tu donc entendu ? — Une partie de leurs discours m'est échappée : mais de quoi je suis très-sûr, c'est qu'Osmar, comme un ingrat et présomptueux esclave, vous a traité de frère dénaturé, de barbare, de tyran même. . . . . .

Abrége ! dit impérieusement le frère de Palménor, en maudissant l'imposture de Zamet. — Enfin, reprend l'eunuque, il a montré une inviolable amitié pour Palménor, et il a promis sa délivrance. J'ignore ses moyens ; mais il a parlé de secours ; il a remis une arme au prisonnier, et, en m'obligeant de le reconduire, il m'a défendu de renfermer le prince... Zamet, pensa le sultan, ne sait point dans quelle vue j'ai armé Palménor ; et moi, j'ignore son destin... Voilà donc, dit-il ensuite, ces événemens si extraordinaires ? — Ce sont les premiers, et l'ordre historique...— Finiras-tu cette longue narration ? — Je quitte Osmar à l'entrée du souterrain ; j'ouvre la grille et la referme ; j'entre... Jugez, seigneur, quel fut l'étonnement de votre esclave, lorsqu'il s'aperçut de la disparition des deux muets, qu'il avoit laissés en dedans !

Que vois-je ? s'écrie le prince en regardant autour de lui ; en effet, ils n'y sont plus !... Préoccupé, en entrant, je n'avois pas jeté les yeux de ce côté...... Mais, où sont ces deux noirs ? — Là, seigneur, dans le logement des gardes...... — Explique-moi..... — Daignez calmer votre impatience : ces deux noirs.... sont très-blancs.... — Zamet, cesseras-tu ? — Puisqu'ils ne sont autre chose qu'Alzéïde et Irza. — Alzéïde ! — et Irza. — O surprise ! —

lesquelles, loin des regards d'un gouverneur qui, souffrez que je le dise, n'est point du tout ici à sa place, se sont échappées du harem, sans doute sous la protection d'Osmar, pour venir aider à l'évasion de Palménor... — Palménor a fui!.. — Que votre majesté s'apaise : il n'a pu fuir; le fidèle Zamet, secondé de quelques esclaves, a soutenu contre lui et les faux muets bien armés, un vigoureux combat dont le résultat est qu'il y a maintenant ici trois prisonniers pour un... — Ensemble? — Séparés. — Palménor est-il sans armes?... — Voici son poignard.

Ainsi, se dit le barbare avec une rage concentrée, mon frère existe encore !... Fidèle et brave Zamet, fais conduire à l'instant Alzéïde et Irza dans le lieu le plus retiré, le plus formidable du harem. Les qualifications que le sultan donnoit à l'eunuque relevoient ses espérances et flattoient son orgueil. Déjà il se voyoit élevé au rang de premier visir, possesseur de la jeune Irza et de tous les trésors d'Osmar; et, dans l'ivresse de sa joie, il s'épuisoit en protestations de zèle, de reconnoissance, lorsque son maître, par un geste impératif, lui fit entendre d'exécuter sur-le-champ l'ordre qu'il avoit donné.

CHAPITRE VI.

Sous ces brillans dehors, qui pourroit reconnoître le plus barbare des mortels ?...

La fureur d'Idalkan s'étoit calmée par l'espoir de voir triompher complètement ses projets criminels. Je me trouve heureux, se disoit-il en réfléchissant sur sa position, que le perfide Osmar n'ait pas tiré un plus grand parti de ma ressemblance.... Quoique mes desseins n'aient pu réussir encore, sans doute par la présence imprévue d'Alzéide, l'espérance et le calme renaissent dans mon cœur.....

Je suis content de Zamet : cet esclave altère la vérité dans ses récits; mais il vient de me donner une preuve de dévouement qui mérite ma gratitude..... J'avois différé de punir Osmar, dans la crainte de ne pouvoir lui trouver un successeur moins perfide; je découvre dans Zamet un homme dont la foi me semble éprouvée; je veux récompenser son zèle, et le revêtir d'un pouvoir dont je puisse attendre de plus grands services... Voici la rebelle!...

Alzéïde et Irza, au milieu des esclaves qui les conduisent, sortent du logement des gardes et passent devant le frère de Palménor : la fille de Kaled regarde son oppresseur avec la fierté du malheur et de l'innocence. Il détourne les yeux; Irza jette les siens sur Zamet avec le plus grand dédain. Idalkan reporte ses regards sur la belle Persane, et lui dit avec une ironie amère : Quel œil reconnoîtroit la charmante Alzéïde sous cet affreux déguisement?..... Sous ces brillans dehors, répond sa victime, qui pourroit reconnoître le plus barbare des mortels ? Allons, madame, dit Zamet, il y a trop d'ingratitude dans cette réponse, faite à un souverain qui vous adore... Suivez vos conducteurs. Il a raison, pense Idalkan : sa présence fait palpiter mon cœur d'amour et de jalousie. Cependant le chef des eunuques, précédant les esclaves à qui il a transmis les ordres de son maître, et qui entourent Alzéïde et Irza, les conduit hors de la grille, et revient ensuite auprès du sultan. Zamet, lui dit alors ce dernier en tirant un diamant de son doigt, je veux reconnoître tes services, ton courage et ta fidélité; reçois ce gage de la parole de ton maître, qu'avant la fin de cette journée le perfide Osmar aura cessé de vivre, et que son autorité passera dans tes mains. Seigneur, répond l'eunuque avec un transport de joie, que votre glorieuse majesté compte sur l'éternel dévouement de son esclave!... Elevé au premier rang dans ce vaste empire, oserai-je solliciter une nouvelle faveur ?.....

Parle. — J'aime la belle Irza, seigneur ; je voudrois l'épouser... — Toi? — Sa gaieté, son esprit m'ont charmé : le plaisir de l'enlever à Osmar de son vivant... — Je te la donne. — Quelle félicité ! ô doux ravissement !... Puissent les désirs de mon souverain être toujours prévenus par une heureuse exécution ! puisse-t-il trouver ses ordres toujours accomplis !... Avant une heure les yeux du traître Osmar seront fermés pour ne se rouvrir jamais !...

Que dis-tu ? demande le prince avec une émotion mêlée d'inquiétude : qu'as-tu fait ?..... réponds !

Seigneur, reprit Zamet, saisi d'étonnement et d'effroi, et tombant aux genoux d'Idalkan, pardonnez à votre esclave qui meurt d'épouvante à vos pieds..... Le sultan comprit qu'il falloit rassurer Zamet pour apprendre la vérité sans dissimulation. Tu n'as rien à craindre, Zamet, lui dit-il en le relevant avec une douceur affectée; mais, parle avec franchise. — Si je suis coupable, seigneur, n'en accusez pas mes intentions. Après avoir découvert la trahison d'Osmar, mon zèle pour votre intérêt m'a transporté... Pour la preuve de son crime j'en appelle maintenant à lui-même, car, sans doute il vit encore ; mais, afin qu'il ne pût échapper à la justice, j'ai mêlé dans un sorbet que je lui ai fait prendre, un poison lent, mais mortel...

Dieu ! s'écrie Idalkan avec un mouvement d'horreur et de désespoir, la mort est dans mon sein !... Qu'ai-je entendu ? dit Zamet, surpris et épouvanté. Fuyons !.. Scélérat, reprend le frère de Palménor, en tirant son poignard et poursuivant l'eunuque ; mais celui-ci s'étoit éloigné du prince au premier cri qu'avoit fait entendre sa rage ; il s'élance rapidement vers la grille, l'ouvre soudain, la referme, et disparoît bientôt dans l'obscurité du souterrain. Le sultan, qui n'a pu l'atteindre, revient sur ses pas, égaré, furieux, et faisant retentir ces voûtes silencieuses de ses clameurs et de ses imprécations.

CHAPITRE VII.

Le bien et le mal, l'infamie et la gloire sont offerts à l'amant d'Alzéïde : son choix ne sera pas douteux.

Un éclair sillonnant les ombres de cette vaste prison, annonça la présence du génie, et suspendit les plaintes du sultan. Idalkan, dit la voix aérienne, rien de ce que tu as éprouvé ne m'est inconnu. Tes espérances sont détruites par la trahison d'Osmar, l'audace d'Alzéïde et l'aveugle zèle de Zamet; le talisman te devient inutile : ta vie peut encore être conservée, mais seulement par un sacrifice généreux, inoui, qu'il faut attendre de ton frère. De mon frère ! s'écrie le prince retombant dans son désespoir. — S'il refuse ce que je proposerai, reprend le génie, toutes les puissances de l'univers se réuniroient en vain pour sauver tes jours. — J'attends avec terreur l'arrêt de ma destinée. — Le cachot de Palménor s'ouvre ; il va paroître : dérobe-toi un instant à ses yeux.

Idalkan se retire dans une anfractuosité du roc d'où il peut tout entendre sans être vu, et là il dévore en silence ses inquiétudes, ses tourmens et ses remords. Cependant Palménor, toujours enchaîné, sort de sa ténébreuse demeure, se disant avec étonnement : Par quelle main la porte de mon cachot vient-elle de s'ouvrir ?... Me voilà seul dans ce vaste souterrain..... Ah ! peut-être cette grille fatale est également ouverte, et me permet de fuir ma prison... O douce liberté, je vais donc jouir de tes charmes ! je vais... Comme il se précipite vers l'entrée, tout à coup le génie l'appelle... Qu'entends-je ! dit-il, en frissonnant malgré lui ? quelle voix inconnue frappe mon oreille étonnée ?...—Pourquoi frémir, reprend le génie ? Ton ame est innocente... — Oui : le Tout-puissant, à qui les mondes obéissent, a réglé mon destin ; je ne ressens ni trouble ni frayeur. — Tes fers ne sont pas encore brisés, mais le dénouement de ton sort est prochain... — Qui donc es-tu ? quel desscin t'amène ? — Habitant d'un monde supérieur aux foibles mortels, j'ai fait servir ma puissance à favoriser les désirs de ton frère : elle ne l'a pas rendu plus heureux ; elle a versé sur toi la coupe de l'infortune ; elle a puni d'avance ton défaut de courage à supporter le comble du malheur. Cependant je n'ai pas déterminé le triomphe d'Idalkan ni ta ruine : mes desseins sont encore obscurs ; mais mon cœur est en secret ton ami.

Ah ! si tu l'es réellement, s'écrie le jeune prince, délivre-moi ; sauve

Palménor pour Alzéïde et pour son vertueux père!... — Ta délivrance, répond le génie, va dépendre de toi-même. Ecoute : Idalkan vient d'être empoisonné par un de ses esclaves, et son pied touche au cercueil. Si tu consens à lui céder Alzéïde et le trône, il ne périra pas : mais si tu veux l'abandonner à son destin, ton amante et le sceptre te seront rendus, et l'ange de la mort étendra la main sur ton frère. Décide. Tu dois facilement juger quel seroit le choix d'Idalkan.

Palménor se tut un instant. Qui que tu sois, dit-il ensuite, les conditions dont tu fais dépendre mon bonheur sont telles, qu'il n'est pas permis à la vertu de les accepter...

— C'est à toi de les peser avec sagesse ; le bien et le mal sont devant Palménor ; ce qui lui est offert en ce moment ne le sera plus désormais. — Eh bien, que mon frère garde l'empire, et qu'Alzéïde soit mon partage... Alzéïde m'a préféré ; elle n'acceptera jamais un autre époux... Nous vivrons heureux sous la tente du désert comme dans le palais de Soliman ! — Je ne puis rien changer aux lois du sort, qui veut un sacrifice entier. Prononce sur la vie ou la mort de ton frère, et le repos de ton pays. — Alternative odieuse !... hélas ! renoncer à la main d'Alzéïde est au-dessus de mon courage, et je trouverois moins affreux le supplice qui m'attendoit !... — Je ne dis plus mot. Réponds-moi : Pour satisfaire ses désirs, le noble fils de Soliman voudra-t-il perdre sa patrie, sa gloire et sa vertu ?... — Arrête, lui dit Palménor, avec un cri déchirant ! La pensée de causer la mort de mon frère est aussi loin de moi que les sables de la Syrie des jardins de la Perse. Alzéïde, pardonne ! je te perds volontairement, et je me résigne au malheur avec une joie religieuse d'être échappé au crime !...

Il dit ; soudain la voix fait retentir ces mots : Idalkan, tes jours sont sauvés !

CHAPITRE VIII.

L'Etre souverain qui règne seul,
abhorre un empire divisé....

Le génie a parlé : Idalkan s'élance alors de sa retraite, et tombe aux pieds de Palménor, en s'écriant : O toi, que je suis indigne d'appeler mon frère ! généreux Palménor, reprends tes bienfaits : Alzéïde, le trône et ma vie t'appartiennent ; garde le trône et ton amante, et si ta clémence daigne me laisser la vie, je la dévouerai moi-même au glaive du remords. Il baise, en disant ces mots, les fers de Palménor, qui le relève et le serre dans ses bras. Tout à coup un grand bruit se fait entendre au fond du souterrain ; la grille s'ouvre ; Alzéïde, Osmar et Irza, suivis des principauux de la cour de Perse, des esclaves et des gardes, paroissent et s'élancent auprès des deux frères. Que vois-je ! dit Alzéïde sous l'habit de son sexe et le poignard à la main : quel spectacle inattendu frappe mes regards étonnés !...

Alzéïde, et vous peuple, s'écrie avec force l'aîné des deux princes, vous voyez un frère magnanime qui vient de sauver les jours du coupable Idalkan aux dépens de son bonheur même...—Mon frère, pourquoi dévoiler?... — Je veux manifester ta gloire aux regards de tous les Persans, à ceux du monde entier. . . . Mais je ne vois point ici le sage Kaled.

J'allois vous demander, seigneur, dit Alzéïde avec inquiétude, quelle étoit sa destinée... Elle n'a pas encore achevé ces mots, que sa voix est interrompue par un coup de tonnerre prolongé ; de nombreux éclairs sillonnent la profondeur ténébreuse du souterrain ; tous les regards se portent de ce côté : soudain apparoît, vers la droite, un fantôme revêtu d'une longue robe blanche, et entouré d'une auréole ou surface de lumière qui brille autour de lui dans l'ombre. Un profond silence règne alors dans cette vaste enceinte, et laisse entendre ces paroles que prononce le fantôme :

Idalkan, Palménor, que votre oreille soit attentive aux derniers sons de ma voix. Chargé d'éprouver la vertu par l'adversité, et d'embarrasser le vice dans les piéges de ses propres désirs, j'ai terminé cette redoutable mission. Vous allez maintenant connoître l'immuable arrêt du destin.

Le fantôme s'éteint dans l'obscurité ; un nuage blanchâtre traverse le souterrain, et porte cette légende tracée en caractères de feu :

> L'Etre souverain qui règne seul, abhorre un empire divisé : il donne le trône de Perse et la main d'Alzéïde au prince Palménor (2).

Tous les spectateurs paroissent

frappés de ce dernier prodige : au silence respectueux succède bientôt un murmure d'approbation générale. Idalkan s'écrie avec terreur : Le ciel et la terre sont armés contre moi !... Fuyons le paternel rivage... Adieu, Palménor : Idalkan doit mettre entre lui et son frère l'immensité de l'océan...

CHAPITRE IX.

Quodcunque ostendis mihi sic, incredulus odi.

L'AMANT d'Alzéïde veut retenir Idalkan ; mais il s'arrache de ses bras, s'élance vers le fond du souterrain, et disparoît à tous les yeux. Palménor se dirige sur ses pas avec la fille de Kaled, toute la cour et le peuple : au moment où ils pénètrent dans les jardins du palais, le grand visir se montre à leurs regards. Il invite par un signe Palménor à monter sur un trône éclatant d'or et de pierreries, qui s'élève au centre de ces jardins, décorés eux-mêmes avec la plus grande magnificence; mais Palménor et Alzéïde volent dans ses bras, et tous trois s'abandonnent à l'ivresse de la joie la plus pure.

Cependant Osmar et les grands conduisent les deux amans vers le trône. Palménor y place Kaled entre Alzéïde et lui; Irza et le gouverneur en occupent les premiers degrés; les émirs, les odalisques, les gardes l'environnent; un peuple immense s'en approche, et témoigne la plus vive alégresse. O mes enfans! dit alors le sage Kaled, que le souvenir de cette journée mémorable ne s'efface jamais de vos cœurs!... J'ai rempli, par de grandes épreuves, la dernière et la plus importante des volontés de Soliman... Palménor, ta conduite est le triomphe de la vertu, et la Perse te bénira. — Ah! répond le jeune souverain, tu seras toujours mon seul guide.

Osmar invitoit Kaled à reprendre la place qu'il avoit si long-temps illustrée; le vieillard fit entendre qu'il désiroit en partager avec lui le noble fardeau. Et ma fidelle Irza, ajoute Alzéïde, en regardant Osmar, embellira cette récompense.

Cher Kaled, dit Palménor, Idalkan a fui... — Je le sais. Poursuivi, moins par le remords que par l'épouvante, qu'il coure porter sa honte au-delà des mers : tes bienfaits l'y suivront. Sage mortel, lui disoit Osmar, tant de prodiges... N'ont rien de surnaturel, répondit le visir. Je les dois à la science que le grand Hermès enseigna jadis sur les bords du Delta. Ses disciples, répandus dans l'univers, connoissent les mystères de la nature, et disposent des élémens. Ils ont tour à tour instruit et trompé les hommes. Un jour leurs successeurs, sous le merveilleux règne du régénérateur des Gaules, ne sauront que les éclairer.

Le chef des imans ne tarda pas à bénir l'hymen de Palménor et d'Alzéïde, et des fêtes éclatantes, consacrées par la joie publique, signalèrent dans tout l'empire le triomphe de la sagesse, de l'amour et de la vertu (3).

FIN.

NOTES DE L'ÉDITEUR.

TOME Ier.

(1) SELON le premier géographe du siècle, la ville de Téhéran, depuis qu'elle est devenue la résidence ordinaire des souverains de la Perse, acquiert une importance considérable. Elle contient environ 50,000 habitans. Les maisons sont en terre, comme dans tout le reste de cet empire, et les murs ceignent un très grand espace qui n'est pas encore rempli. La ville est carrée, et dans le milieu est une autre enceinte, entourée de murailles, qui renferme le palais du roi; ce palais est très vaste, et de la plus grande magnificence. Mais elle est loin encore d'atteindre à la splendeur de la célèbre capitale Ispahan.

Cette ancienne et immense ville, à laquelle Chardin donne douze lieues de tour, et qui alors pouvoit contenir six à sept mille habitans; cette superbe capitale, que les Persans appeloient la moitié de l'univers, Ispahan, n'est aujourd'hui qu'une ombre d'elle-même. On laboure les jardins qui autrefois en parfumoient les avenues; on marche pendant trois heures dans des chemins qui étoient des rues pour arriver au centre de la ville. Toutefois les marchés, couverts de voûtes éclairées par des dômes, sont vastes, et annoncent l'ancienne magnificence de cette capitale. La grande place, une des plus vastes de l'univers, forme un carré long de près de deux cents toises, sur cent de large, entouré par un canal; et bordé de maisons régulièrement bâties; elle est dominée par les palais des rois, qui offrent encore les restes de la grandeur de Schah-Abas. La mosquée royale s'élève à côté. Cet édifice somptueux offre à l'extérieur un revêtement de marbre ; son dôme et ses minarets sont couverts de porcelaines peintes en mosaïque ; à l'intérieur, des bas-reliefs dorés enrichissent les murs et la voûte. Ispahan, quoique ruinée des deux tiers, a plus de deux cent mille habitans ; tous les arts et métiers y sont parfaitement exercés. On voit au midi de la ville cette fameuse avenue appelée *Cherbag*, qui ressemble assez à celle de Versailles ; elle est longue de près de trois mille toises ; elle est plantée de quatre rangées de platanes, et bordée de jardins et de maisons de plaisance, plusieurs canaux et bassins animent encore cette superbe promenade, ouvrage de Schah-Abas. La rivière de Zenderoud qui la divise en deux, a un beau pont bâti d briques et de pierres de taille, composé d trente-six arches, avec une galerie cou verte de chaque côté par une terrasse d'où l'on jouissoit de la vue des jardins de environs et du faubourg de Julfa, situé sur le bord de la rivière, mais qui est aujourd'hui en ruines. Un peu plus bas est un autre pont magnifique bâti par Schah-Abas, ainsi que les marchés et autres monumens utiles ou fastueux : les galeries de ce pont sont très larges, ayant une place hexagone au centre ; une plate-forme pratiquée sous les arches, en faisant tomber les eaux en cascades, rend fort agréable la position d'un beau palais bâti en face, et environné de jolis jardins. Mais, afin qu'on ne fît point à tous ces ponts le reproche de manquer d'eau, Abas-le-Grand fit percer à grands frais quelques montagnes à environ trente lieues d'Ispahan, et introduisit dans le lit du Zenderoud une autre rivière ; en sorte que, selon Chardin, ce fleuve étoit aussi large au printemps, que la Seine l'est à Paris en hiver.

(2) L'auteur du Précis de la Géographie universelle observe que c'est une triste

gloire pour les Perses que d'avoir inventé une opération qui, en produisant des êtres sans sexe, donne au sérail des gardiens sans pitié; il est du moins certain que les eunuques étoient aussi nombreux et aussi puissans à l'ancienne cour de Persépolis qu'aux cours modernes d'Ispahan et de Téhéran. L'éducation des princes, admirée par Platon, étoit, comme chez les Persans modernes, confiée à ces hommes mutilés.

(3) Le luxe des Persans modernes rappelle sur plusieurs points celui des anciens Perses. De vastes jardins offrent une promenade solitaire aux femmes des princes et des grands, qu'une jalousie extrême dérobe à la vue des étrangers. Les harems sont peuplés de belles esclaves, qui, par une dépense énorme en parures frivoles, ruinent les seigneurs les plus riches. Les monarques et les satrapes persans mangeoient au bruit d'un concert vocal et instrumental exécuté

par des danseuses, que les Grecs appeloient *musurges*, et que nous nommons *bayadères*. Tout ce qu'en disent Suidas et Athénée, convient aux Persans modernes, et sembleroit copié dans Chardin.

(4) Le climat de la Perse, en général, est un des plus beaux de l'univers. Pendant le printemps, des fleurs de toute espèce et de toutes les couleurs parfument un air naturellement doux. Le rossignol de jardin, le chardonneret et la linotte unissent, dans cette belle saison, leurs mélodieux accens. On mange en Perse beaucoup de fruits des mêmes espèces que ceux d'Europe, mais qui sont infiniment plus gros, et qui ont, particulièrement les abricots et le raisin, beaucoup plus de saveur et de parfum.

TOME II.

(1) Les sciences et les lettres avoient jeté plus d'éclat en Perse sous les sophis, que dans une autre contrée d'Asie, depuis l'époque des califes. Les poëmes de *Ferdousi*, de *Saadi* et de *Hafiz* ont plu dans des traductions européennes. L'imagination vive et fleurie de ces auteurs, ne respire que l'odeur des roses, n'entend que les soupirs du rossignol, ne vit que dans le monde des génies et des fées ; mais il y a du vide dans les pensées et dans les sentimens ; c'est l'image du sol persan avec ses paradis et ses déserts. Il reste encore quelques foibles clartés ; le souverain actuel cherche à les entretenir et à les répandre. Les langues arabe, turque et persane, l'éloquence, la poésie, la théologie, la médecine et l'astrologie sont enseignées dans de nombreux colléges. Si la Turquie n'étoit pas placée comme une barrière entre les lumières de

l'Europe et le génie naturel, on verroit peut-être ce peuple asiatique prendre un essor extraordinaire. En Perse on estime du moins les gens instruits, on leur accorde les places les plus importantes; tandis qu'en Turquie un barbier peut devenir mufti, un porte-faix ministre, sans avoir appris à lire ni à écrire.

(2) En Perse, le gouvernement est féodal. Les différens chefs se cantonnent dans leurs villages fortifiés, d'où ils exercent sur leurs vassaux une autorité non contestée, et néanmoins modérée. Ils témoignent peu d'égards au chef de l'état, au schah, si ce n'est dans le cas où la chose publique est menacée; car alors on lui obéit. Le prince traite les sujets afghans avec modération et douceur. Ses édits sont rarement accompagnés d'exécutions sanglantes, et il ne se montre l'ennemi d'aucune secte étrangère.

(3) Nous allons terminer ces notes par un coup-d'œil général sur la Perse ancienne et moderne, en suivant pas à pas le géographe célèbre à qui le monde littéraire doit les *Annales des Voyages*.

« La Perse est aujourd'hui principalement divisée en deux monarchies, celle des *Afghans* à l'est, et celle de *Fath-ali-Schah* à l'ouest; mais ces divisions peuvent varier d'un moment à l'autre : les révolutions politiques auxquelles ce pays a toujours été en proie, ont constamment fini par les réunir sous un seul sceptre. A l'aurore de l'histoire, nous y voyons plusieurs nations indépendantes; les Perses au midi, les Ariens à l'est, les Mèdes au centre; diverses hordes barbares, tels que les Hyrcaniens, les Parthes, les Cadusiens au nord. Il est très douteux que les antiques empires de Ninive et de Babylone aient jamais compris la Perse ancienne, c'est-à-dire le *Fars* actuel, avec Kerman et Laristan. L'histoire n'ose ni garantir ni rejeter les merveilleuses expéditions de Sémiramis ; mais il est certain que toute invasion momentanée figure comme une conquête dans le chaos de l'histoire primitive. Les *Mèdes* subjuguèrent réellement les Perses. Ce peuple paroît avoir fait ses premières armes contre les Scythes d'Asie, dans le Touran ou la Tartarie actuelle, et contre les Indiens. Cinq siècles et demi avant Jésus-Christ, Cyrus délivra sa nation, et la rendit maîtresse de toute l'Asie occidentale. Mais à l'entrée de l'Europe, une petite nation arrête les innombrables essaims de l'Asie ; bientôt réunis sous Alexandre, les Grecs renversent le foible colosse de la puissance persane ; la discorde des vainqueurs fait naître une foule de royaumes ; la tribu guerrière des Parthes s'empare des provinces qui forment la Perse moderne. Pourtant les Grecs se maintiennent dans la Bactriane ; leur roi Démétrius soumet et civilise l'Indostan ; Eucratides Ier. règne sur mille cités; mais les Scythes, ou plutôt des nations nouvelles qui avoient remplacé les Scythes, réunis aux Parthes, renversent le trône de la Bactriane. Les Parthes, sous leurs rois de la dynastie *aschkanienne*, les Arsacides des auteurs grecs, balancèrent la puissance des Romains. Vers l'an 220 de J.-C., un particulier persan, selon les Grecs, enleva le pouvoir aux Parthes, et fonda la dynastie des *Sassanides ;* mais les Orientaux ne distinguent point les Persans modernes des Parthes; et le premier monarque persan, Artaxercès II, ou Ardochir, est, selon eux, un prince du sang royal des Parthes. Quoi qu'il en soit de ce point obscur, l'empire persan, après avoir lutté contre celui de Constantinople, après avoir jeté un grand éclat sous le règne du sage *Noushirvan*, subit le joug des Arabes et du mahométisme, vers l'an du Christ 636.

» Deux siècles après, le royaume de

Perse se trouva rétabli dans le Korasan, et, après plusieurs révolutions, il reprit sa première extension. En l'an 934, la maison de Boniah parvint au trône; elle résidoit à Schiraz. La Perse, enveloppée dans les conquêtes de Gengis et de Tamerlan, respire sous la dynastie des *sophis*, qui monte au trône en 1506. *Schah-Abas*, surnommé le Grand, prend les rênes de l'empire en 1566, et gouverne près d'un demi siècle avec éclat, quoique d'une manière tyrannique. Les Afghans conquirent la Perse en 1722. Cet événement fut suivi, en 1736, de l'extinction de la maison des sophis, et de l'élévation au trône impérial de *Nadir*, surnommé *Thamas-Kouli-Kan*. Ce chef féroce, mais habile et heureux, étoit né dans le Korasan. Le 20 juin 1747, il fut tué après un règne de onze ans, qu'illustra sur-tout la rapide conquête de l'Indostan.

» Ici, nous voyons commencer une période absolument nouvelle. La foiblesse des successeurs de Nadir-Schah, et l'affreuse guerre qui ensanglantoit la Perse occidentale, permirent aux *Afghans* de consolider un nouvel empire, dont Candahár devint la capitale, et qui embrassoit toute la Perse orientale. Le Korasan oriental, le Ségistan, l'Arokasche, le Caudahar, sont les principales provinces des Afghans en Perse; ils possèdent dans l'Inde le Kouttore, le Caboul et le Cachemire; ils ont envahi une partie de la Bucharie.

Ahmed-Adalhah, premier roi de Kandahar, étoit originairement chef d'une tribu d'Afghans, que Nadir-Schah réduisit sous son obéissance. A la mort de celui-ci, Ahmet reparut soudain au milieu de ses anciens sujets. Il s'empara des provinces de l'Inde cédées par le mogol à Schah-Nadir. Ahmet choisit Caboul pour capitale, parce que cette ville lui paroissoit le plus à l'abri d'une attaque des Persans occidentaux. Ahmet mourut vers 1773. Timur, son successeur, continua de résider à Caboul, Timur laissa le trône à Zemaun, qui probablement règne encore. Depuis la grande bataille de *Panneput* contre les Marattes, donnée par Ahmet-Abdallah, en 1761, le royaume de Candahard paroît avoir conservé ses premières limites.

» Quand à la partie occidentale de la Perse, elle jouit de quelque repos sous le gouvernement de *Kerim-Khan*, qui néanmoins ne prit point le titre de schah, se contentant de celui de *vékil* ou régent. Ce bon prince avait servi sous Nadir, dont il avoit été le favori. A la mort du tyran, il étoit à Schiraz. Il s'empara du gouvernement, et fut soutenu par les habitans de cette ville, charmés de sa bienfaisance, et rassurés par sa justice. Pour reconnoître cet attachement, Kerim embellit leur ville de beaux palais, de mosquées et de jardins magnifiques. Il répara les grandes routes et rebâtit les caravanserais. Son règne ne fut souillé d'aucun acte sanguinaire. On lou sa charité envers les pauvres, et les effort qu'il fit pour rétablir le commerce. Il pa roît qu'il mourut vers 1779, après un règn de seize ans.

» Une nouvelle période de malheurs e de confusion suivit la mort de Kerim. S frères cherchèrent à s'emparer du pouvoi à l'exclusion de ses fils. Un prince du sang Ali-Murat, resta, en 1784, paisible posses seur du trône de Perse. Cependant, aprè la mort de Kerim, un eunuque, appelé Aga Mahamed, s'étoit emparé du Mazanderan, où il se rendit indépendant. En marchant contre lui, Ali-Murat fit une chûte de cheval, dont il mourut sur-le-champ. Son fils Jaafar prit le sceptre; mais il fut défait par Aga-Mahamed à Yeyde-Kast, et il se retira à Schiraz.

» En 1792, Aga-Mahamed attaqua cette ville, où Jaafar périt dans une insurrection. Le vainqueur brise le tombeau de Kerim et insulte à ses cendres. La valeur héroïque de Louthf-Ali, fils de Jaafar, balance en vain dans plusieurs combats désespérés la fortune de l'eunuque, qui enfin reste maître de toute la Perse occidentale. Il nomma pour son successeur son neveu *Baba-Khan*, qui, depuis 1796, règne paisiblement sous le nom de *Fath-Ali-Schah*. Il a fait plusieurs guerres aux Russes; et, pour mieux défendre contre eux les provinces septentrionales, il a établi sa résidence à Tahiran ou Téhéran. Les provinces qui obéissent à son sceptre, étoient, en 1810, l'Erivan, l'Adjerbidjan, le Ghilan, le Mazanderan, le Korazan occidental, l'Irak-Adjemi, le Kurdistan persan, le Farsistan et le Kerman : les cheifs arabes sur le Golfe persique, lui paient tribu, et le *wali*, ou prince de Mekran, lui envoie des présens respectueux.

» Tel étoit naguère l'état de la Perse, que l'on avoit pris l'habitude de ne plus couronner les souverains, mais seulement de proclamer tous les matins : *Un tel Khan règne aujourd'hui.* Mais Fath-Ali porte avec dignité le titre de *shah*, ou roi. Il paroît que ce prince, ferme et sévère, a délivré le peuple et le gouvernement de l'autorité arbitraire et des exactions de nombreux khans. Ce titre, établi par les Tartares, répond à ce que les Persans désignoient par celui de *mirza*, donné aujourd'hui à tous les gentilhommes. Ces khans sont quelquefois gouverneurs de provinces, quelquefois seulement propriétaires de petits districts, et prétendent à une succession héréditaire, quoique assujétis à la confiscation et à la peine de mort, d'après un ordre arbitraire du souverain. Les grands khans sont quelquefois appelés *beglerbegs*, et en temps de guerre, *serdars* ou généraux. Ceux qui commandent les villes sont communément désignés sous le nom de *darogas*, ou gouverneurs.

» Fath-Ali-Schah peut mettre sur pied

plus de cent mille hommes ; et le nombre de ses sujets, malgré tant de guerres, monte probablement à six ou huit millions. Le royaume de Candahar, avec ses provinces de l'Inde, possède peut-être une population égale ; mais l'anarchie en affoiblit les forces. D'ailleurs, malgré la bravoure de l'infanterie afghane et de la cavalerie persane, ces deux empires, en restant séparés, n'auront pas une haute importance politique.

» On a souvent dit que les Persans étoient les Français de l'Asie ; en effet, les habitans de Schiraz ressemblent un peu aux Parisiens par leur démarche vive et légère, par la volubilité de leur langue, la facilité avec laquelle ils tournent un compliment, le plaisir qu'ils éprouvent à dire des riens agréables, le soin minutieux qu'ils prennent de leurs vêtemens et de leur parure. Les Persans ont en général beaucoup de finesse et de souplesse d'esprit, ils en ont même trop ; Chardin, leur meilleur apologiste, convient qu'ils sont fourbes, égoïstes, livrés à la vénalité, et incapables d'aucun essor généreux. Leur politesse n'est qu'un vain cérémonial ; leur hospitalité n'est ni exempte de beaucoup de vanité, ni séparée de l'espoir d'être payés de leurs attentions par des présens. Ils semblent se considérer comme beaucoup plus sages et plus spirituels que les autres nations : cependant ils flottent toujours entre l'anarchie et le despotisme. Doux et humains en temps de paix, ils semblent dans leurs guerres civiles altérés de sang ; mais, vainqueurs ou vaincus, riches ou pauvres, leur gaîté et leur présence d'esprit ne les abandonnent jamais.

Fin des Notes.

DISCOURS

PRÉLIMINAIRE

Pour la nouvelle Bibliothèque dramatique.

Tous les princes qui ont obtenu l'estime des nations et les faveurs de la gloire depuis Alexandre jusqu'à Charlemagne, depuis Auguste jusqu'à Napoléon, tous ces mortels couronnés par la victoire ont voulu augmenter la splendeur du trône par celle des lettres et des arts. Un grand roi protége, récompense l'historien et le poëte qui savent éclairer le monde et donnent l'immortalité. Premiers instituteurs du genre humain, les poëtes ont inventé le plus beau des arts, celui dont le charme ravit également les rois et les peuples, et dont l'éclat a presque toujours orné les fêtes et les divertissemens des nations policées.

Si l'on remonte à l'origine de la tragédie, on en trouvera l'époque incertaine. Un littérateur célèbre croit que le drame fut le fruit prématuré de la civilisation, et suivit de près tous les arts d'imitation. Quand l'homme osa parler à l'homme, et qu'il fut content de cette espèce de lutte oratoire, il voulut écrire ce qu'il avoit dit, ce qu'on lui avoit répondu : de là naquit le modèle du dialogue, et il n'est pas douteux qu'en orient les théâtres aient devancé les observations. On parla au cœur des hommes ; on pesa les intérêts politiques avant de calculer un système et de déchiffrer les signes du ciel. Les Chinois seuls surent écrire leurs fastes d'une main, et tenir en même temps l'astrolabe de l'autre. L'histoire du ciel étoit liée chez ce peuple sage avec l'histoire de la terre. L'Inde n'eut que des fabulistes ; les Hébreux, que des pastorales sacrées. Les Grecs avoient devancé toutes les nations. Terpandre et Arion mêloient déjà leurs chants à leurs farces avant que le reste du monde connu eût une idée du monologue. Du monologue à la formation de la scène et à la charpente d'un poëme suivi, cent ans s'écoulèrent, et il s'en écoula encore autant avant que les femmes fussent admises parmi les interlocuteurs. Phrinicus les introduisit le premier. Eschyle donna, dans la suite, une architecture régulière au drame, et y jeta la magnificence convenable au luxe de la Grèce et aux héros qu'il faisoit parler. Il sut émouvoir et attacher par la terreur. Euripide et Sophocle suivirent ces traces; et produisirent de nouveaux effets.

Eschyle avoit déjà trouvé des critiques, et ce grand homme avoit déjà dit : *Je n'écris que pour la postérité*. Une singularité digne de remarque nous arrêtera un instant sur Eschyle et sur son oracle. Deux guerriers furent les créateurs de l'art dramatique ; tous les deux cueillirent un double laurier, et c'est sous la tente de Périclès que Sophocle, à la veille d'une action, traçoit le plan de ses tragédies. La carrière littéraire n'étoit donc point indigne des généraux : ils s'y promenoient avec orgueil. Pourquoi, même après le siècle de Louis XIV, des gens de qualité affectèrent-ils en écrivant la sotte vanité de l'anonyme ? Quelle gloire récompensa les travaux des pères du théâtre ! Sophocle étoit recherché par tous les rois de l'Asie mineure; Eschyle fut l'ami d'Hiéron; Euripide, premier ministre d'Archélaüs. Quelle différence dans la destinée des modernes ! Corneille vécut dans l'indigence ; Racine mourut de chagrin d'avoir déplu au roi ; Voltaire vécut éloigné de sa patrie.

Revenant à l'origine de l'art, on trouve que les Perses, les Assyriens, les Egyptiens, ont eu leurs jeux, leurs courses, leurs triomphes, leurs édifices consacrés aux danses, à la musique et aux représentations théâtrales. Mais rien, sans doute, n'approcha du goût et de l'imagination des Grecs dans les jeux scéniques. On remarque sur-tout l'ardeur des Athéniens pour ces nobles divertissemens. Nul peuple n'a jamais porté si loin l'amour de l'éloquence et de la poésie, la délicatesse du langage, la finesse de l'oreille, et la justesse du sentiment et du goût. Le génie de chaque nation se peint dans ses occupations et ses plaisirs : la grande occupation et le grand plaisir des citoyens d'Athènes, où le vulgaire même apprenoit par cœur les tragédies d'Euripide, étoient de s'entretenir d'ouvrages d'esprit, et de juger des pièces dramatiques qui se jouoient par autorité publique plusieurs fois l'année, sur-tout aux fêtes de Bacchus. C'étoit dans ces jours solennels que les poëtes tragiques et comiques disputoient la palme du talent : les premiers donnoient leurs ouvrages quatre à quatre, excepté Sophocle, qui, fatigué bientôt d'un si pénible exercice, se contenta d'offrir une seule pièce au concours.

Chez les Grecs et les Romains, le goût des spectacles s'unissoit à la magnificence. Leurs théâtres étoient de vastes enceintes, accompagnées de portiques, de galeries couvertes et d'allées plantées d'arbres; mais comme ils étoient en plein air, on les défendoit des ardeurs du soleil par des voiles que soutenoient des mâts et des cordages. Plus de soixante mille spectateurs occupaient les différens étages de ces immenses théâtres; et, pour remédier à l'odeur de la transpiration, le luxe avoit imaginé des jetsd'eau de senteur, qui, serpentant à travers les statues dont le sommet étoit garni, s'épanchoit de toutes parts en forme de rosée.

Sophocle donna l'idée des théâtres magnifiques que l'on construisit à Athènes. Les dépenses que l'on fit pour l'agrandissement de ces édifices et pour l'acquisition des objets nécessaires à la représentation d'une pièce, furent portées si loin, qu'on reprochait aux Athéniens de n'avoir pas employé des sommes aussi considérables à la guerre qu'ils eurent à soutenir contre les Barbares.

Aucun édifice de ce genre n'égala celui que l'édile M. Emilius Scaurus fit élever à ses frais, sous le consulat de Pison et de Gabinius, l'an de Rome 694. Ce théâtre étoit composé de trois ordres d'architecture, et soutenu par trois cent soixante colonnes, dont le premier rang étoit de marbre de Crète, le second de cristal, et le troisième de bois doré : celles de l'étage inférieur avoient trente-huit pieds de haut, et les autres à proportion. On avoit placé entre ces colonnes trois mille statues de bronze, et une infinité de tableaux, tirés surtout de *Sicyone*, qui passoit pour la plus célèbre école de peinture de la Grèce. La partie de l'édifice occupée par les spectateurs étoit aussi très-richement décorée, et pouvoit contenir quatre-vingt mille personnes. Enfin, les sta tableaux, les tapisseries et l bits des acteurs étoient d'une grande richesse et en telle quanti qu'on aura peut-être peine à croir le fait suivant. Après la démolition de ce théâtre, Scaurus orna de ses dépouilles sa maison de Rome, et le reste fut porté à sa campagne de Tusculum. Cette dernière maison ayant été brûlée, on en estima la perte à cent millions de sesterces, ou douze millions et demi de notre monnoie.

Sous le consulat de Sulpicius et de Marcellus, l'an de Rome 701, Curion, voulant donner des jeux au peuple après la mort de son père, imagina un cirque aussi exaire par la manière de sa ruction, que celui de Scaurus r sa magnificence. Cet édifice oit composé de deux théâtres en bois; dont les scènes, opposées l'une à l'autre, étoient construites de manière que, tournant chacune sur un pivot, elles formoient à volonté un seul amphithéâtre dans lequel on donnoit des combats de bêtes et de gladiateurs, où pouvoient assister soixante mille personnes. Si l'on peut admirer la hardiesse de l'inventeur d'un tel projet, on doit en même temps blâmer sa témérité et plaindre la folie du peuple romain, qui s'exposoit à périr dans de telles fêtes; puisqu'après la représentation des jeux scéniques dans les théâtres, on faisoit mouvoir ces derniers, tout chargés de spectateurs, pour leur donner le plaisir des combats de l'amphithéâtre.

Les siècles modernes sont fort éloignés d'une pareille grandeur : cependant le drame des anciens étoit bien inférieur au nôtre. Avant Thespis, la tragédie n'étoit qu'un tissu de contes bouffons, débités en style comique, et mêlés aux chants du chœur, qui entonnoit les louanges de Bacchus :

La tragédie informe et grossière en naissant,
N'étoit qu'un simple chœur, où chacun, en dansant,
Et du dieu des raisins entonnant les louanges,
S'efforçoit d'attirer de fertiles vendanges.
Là, le vin et la joie éveillant les esprits,
Du plus habile chantre un bouc étoit le prix.

BOILEAU.

Thespis y fit plusieurs changemens, qu'Horace, d'après Aristote, a cités dans son Art poétique.

Sous Eschyle, la tragédie prit une forme nouvelle :

Eschyle dans le chœur jeta les personnages,
D'un masque plus honnête habilla les visages ;
Sur les ais d'un théâtre, en public exhaussé,
Fit paraître l'acteur, d'un brodequin chaussé.

Il donna à la tragédie un ton beaucoup plus pompeux que celui du poëme épique : c'est le *magnum loqui*, c'est l'*os magna sonaturum* dont parle Horace. Son style, trop fier et quelquefois gigantesque, semble plutôt imiter le bruit des tambours et les cris des guerriers, que la noble harmonie des trompettes. Toutefois il a conçu d'aussi grandes idées qu'on faisoit alors de grandes choses. On pourroit le peindre comme il a peint le héros Hypomédon : l'épouvante marche devant lui la tête élevée jusqu'aux cieux.

Rapprochant sa diction de celle d'Homère, Sophocle entendit mieux le langage du cœur. Son style, dont la douceur le fit appeler l'*Abeille de l'Attique*, avoit cependant assez de dignité pour donner à la tragédie un air à la fois touchant et majestueux. C'est le génie le plus dramatique de l'antiquité : jamais l'éloquence du malheur et le langage de la nature n'ont été portés à un plus haut point de perfection que dans son *Philoctète*.

Le style d'Euripide, quoique plein de noblesse, étoit plus naturel encore. Il parut aimer mieux y répandre de la tendresse et de l'élégance que de la force et de la grandeur. C'est chez lui qu'on trouve le plus de ces situations déchirantes qui font couler les larmes de la pitié.

La Grèce, du temps de Philippe et d'Alexandre, fit ériger trois statues d'airain à Eschyle, Sophocle et Euripide. Elle ordonna que leurs tragédies fussent conservées dans les archives publiques. On les en tiroit de temps en temps pour en faire la lecture, parce qu'il n'étoit pas permis aux comédiens de les représenter.

C'est avec raison que les anciens,

accoutumés à consulter en tout la nature, et à la prendre pour guide, ont cru que la terreur et la pitié étoient les deux grands mobiles propres à remuer l'ame des spectateurs. En effet, comme nous rapportons tout à nous-mêmes quand nous voyons des personnes, respectables par leur rang ou par leur vertu, accablées de grands malheurs, la crainte de pareilles infortunes, dont nous savons que la vie est assiégée de toutes parts, saisit notre cœur; et, par un retour secret de l'amour personnel, nous nous sentons vivement émus du malheur des autres : la nature a, d'ailleurs, formé entre nous et nos semblables une touchante union

qui nous rend sensibles à tout c
qui leur arrive :

Homo sum, humani nihil à me alienum puto.
TER.

Pendant que la tragédie se perfectionnoit dans Athènes, la comédie, qui jusqu'alors y avoit été fort négligée, s'y vit cultivée avec plus de soin. L'une et l'autre doiven également leur origine à la nature. On est vivement touché des inquiétudes, des dangers, des malheurs, en un mot, de tout ce qui intéresse les personnages illustres ; c'est ce qui a donné naissance à la tragédie. L'homme n'est pas moins curieux d'apprendre les aventures, la conduite, les travers et les ridicules de ses égaux, qui lui fournissent un sujet de rire et de se divertir à leurs dépens. Telle est la source de la comédie.

Elle prit, dans Athènes, différentes formes, selon le génie des poëtes et la volonté des magistrats. Celle qu'Horace appelle l'*ancienne* comédie tenoit quelque chose de sa première origine, et de la liberté qu'elle se donnoit de dire des bouffonneries et des injures aux passans du haut du chariot de Thespis. Nul n'étoit épargné, dans une ville aussi libre que l'étoit alors Athènes : les généraux, les magistrats, le gouvernement, les dieux mêmes, tout étoit livré aux traits satiriques des poëtes ; et toute pièce étoit bien reçue pourvu qu'elle fût réjouissante et assaisonnée de sel attique.

Trois poëtes illustrèrent l'ancienne comédie : Eupolis, Cratinus et Aristhophane. Ce dernier, dont il nous reste seulement onze pièces d'un nombre plus considérable qu'il avoit composé, vivoit dans le siècle des grands hommes de la Grèce : il parut sur-tout avec éclat durant la guerre de Péloponèse, moins comme un comédien fait pour amuser le peuple, que comme le censeur moral et public, l'homme payé par l'état pour le réformer, et presque l'arbitre de la patrie. Sa plume répand à grands flots dans ses vers le sel attique ; et l'épigramme et le sarcasme y jaillissent de toutes parts. Rien ne peut épuiser sa verve, encore moins l'intimider. Sans défendre le rire à Thalie, il lui a mis dans les mains le fouet sanglant de la satire.

L'audacieuse liberté de l'ancienne comédie ayant déplu aux trente tyrans qui venoient de changer le gouvernement d'Athènes, ils en arrêtèrent le cours. Elle se borna dès lors à saisir les ridicules des hommes et à tracer des caractères vrais et reconnoissables, de manière qu'elle obtint l'avantage de satisfaire plus adroitement la vanité des poëtes et la malignité des spectateurs : aux uns elle procura le plaisir délicat de se faire deviner, et aux autres celui de deviner juste, en nommant les masques. Telle fut la comédie qu'on appela *mitoyenne*. Elle dura jusqu'au temps d'Alexandre, qui, ayant achevé de s'assurer l'empire de la Grèce par la défaite des Thébains, fut cause que l'on réfréna la licence des poëtes, qui s'augmentoit de jour en jour. Cette révolution donna naissance à la *nouvelle* comédie, qui ne fut plus qu'une imitation de la vie commune, et qui n'exposa sur la scène que des aventures feintes et des noms supposés.

Chacun, peint avec art dans ce nouveau miroir,
S'y vit avec plaisir, ou crut ne s'y pas voir.
L'avare, des premiers, rit du tableau fidèle
D'un avare, souvent tracé sur son modèle;
Et mille fois un fat, finement exprimé,
Méconnut le portrait sur lui-même formé.

C'est là réellement la bonne comédie, la comédie de Ménandre. De 180, ou plutôt, selon Suidas, de 80 comédies qu'il composa, et que l'on dit avoir été toutes traduites par Térence, il ne nous reste que très-peu de fragmens. On peut juger dn mérite de l'original par l'excellence de la copie. Quintilien, en parlant de Ménandre, ne craint point de dire que, par l'éclat de son nom et la beauté de ses ouvrages, il a effacé la gloire de tous ceux qui ont écrit dans le même genre. Il remarque, dans un autre endroit, qu'on ne lui rendît pas de son temps toute la justice qui lui étoit due, mais qu'il en fut avantageusement dédommagé par les éloges de la postérité.

En effet, on lui préféroit Philémon, poëte comique et son contemporain.

Les oracles d'une Sibyle firent naître la tragédie à Rome, où l'on avoit été plus de trois siècles sans aucun spectacle dramatique. Sous le consulat de C. Sulpicius Pœticus et de C. Licinius Straton, une épidémie affligeoit la capitale du monde : l'oracle annonça que des jeux scéniques pourraient apaiser la colère des Dieux, et l'on fit venir d'Etrurie des *baladins*, qui, selon Tite-Live, sans réciter des vers, sans discourir sur aucun sujet, dansoient au son de la flûte, et jouoient des espèces de pantomimes. La jeunesse de Rome imita ces danses, y joignit quelques plaisanteries en vers qui n'avoient ni mesure ni cadence réglées. Cette nouveauté fut reçue avec joie : on y consacra des esclaves étrangers, ou des hommes nés à Rome dans l'esclavage, et on les nomma *histrions*, du mot *hister*, qui, en langue étrusque, signifie flûteur, farceur ou bouffon. Bientôt les histrions représentèrent des pièces accompagnées de musique et de danses, sous la dénomination de satires, où les spectateurs et les acteurs étoient joués indifféremment.

Les jeux scéniques réguliers ne s'établirent chez les Romains que sous le consulat de C. Claudius, l'an de Rome 514. Cette même année, le poëte Andronicus, grec de nation, fit jouer sa première pièce. Il avoit essayé d'imiter en latin ce que les Grecs, chez lesquels florissoit l'art dramatique, avoient si heureusement exécuté dans la langue d'Homère. Andronicus, Pacuvius et Accius furent les premiers poëtes tragiques que l'on vit à Rome. Horace ne donne à Andronicus que la gloire de l'invention ; et il reconnoît que Pacuvius est le plus savant de ces poëtes, et Accius le plus sublime. De tous les tragiques romains, Sénèque est le seul qui soit resté, malheureusement il n'a vécu que dans le siècle du bel esprit de Rome.

Le goût que ses habitans éprouvèrent pour Thalie leur fit quelque temps négliger Melpomène ; mais bientôt ils lui reportèrent leurs hommages, et les plus grands personnages de Rome ne dédaignèrent pas de composer des tragédies. On a conservé les noms du *Thyeste* de Gracchus, de l'*Alménon* de Catulle, de l'*Adraste* de César, de l'*Ajax* d'Auguste, de l'*Octavie* de Mécène, de la *Médée* d'Ovide, et de l'*Hippolyte* de Sénèque le philosophe.

Les pièces régulières firent entièrement oublier les satires, tant que les poëtes jouèrent eux-mêmes leurs drames : mais, dès qu'ils les eurent confiés à des troupes de comédiens, la jeunesse romaine, pour se livrer à sa gaieté, fit reparoître les satires, qu'elle joua d'abord dans les intermèdes à la place du chœur ; ensuite on les réserva pour la fin des pièces tragiques ou comiques. On les joignit sur-tout aux *Atellanes*, qui étoient à Rome ce que les pièces satiriques étoient en Grèce, des tragi-comédies. Les jeunes Romains s'emparèrent donc du théâtre, et mirent les satires à la place des intermèdes. On ne s'étonnera point de cette licence, si l'on se rappelle qu'aux premières représentations de l'*Hécyre* de Térence, les comédiens furent obligés de quitter la scène pour faire place à des danseurs de corde, et ensuite à des gladiateurs. Au milieu de la pièce la plus intéressante, le peuple romain demandoit souvent des athlètes ou un ours ; et il falloit les lui donner. Ces divertissemens duroient souvent plus de quatre heures avant que les comédiens pussent recommencer.

Ménandre, et le Sicilien Epicharme, ont eu chez les Romains Térence et Plaute pour imitateurs. Ils s'illustrèrent dans le genre de la comédie nouvelle ; mais c'est surtout à l'exemple de Ménandre, qui revit dans leurs ouvrages, qu'ils réussirent à intéresser par une intrigue attachante, un plan sagement conçu, et une peinture fidelle des mœurs générales.

Les anciens consacroient à la célébration des jeux scéniques des sommes immenses : la représentation de trois tragédies de Sophocle coûta plus aux Athéniens que la guerre du Péloponèse. Quelles dépenses ne faisoient pas les Romains pour élever des théâtres et des amphithéâtres, et même pour payer des acteurs ! Roscius avoit un revenu annuel de 75,000 liv. Jules-César donna 60,000 liv. à Labiénus pour engager ce poëte à jouer lui-même dans une pièce qu'il avoit composée. Æsopus, contemporain de Cicéron, laissa en mourant à son fils, dont Horace et Pline font mention comme d'un fameux dissipateur, une succession de 2 millions 500,000 livres, qu'il avoit amassées à jouer la comédie.

L'art dramatique dégénéra ensuite à Rome ; et il faut passer au quinzième siècle pour le voir renaître en Italie.

Sous le règne de Léon X, le célèbre prélat Trissino, nonce du pape, ferma les livres sacrés, jusqu'alors la source intarissable de toutes les farces, et fit jouer sa *Sophonisbe*. C'est la première tragédie régulière qui ait parue en Europe, après tant de siècles de barbarie ; comme la *Calandra* du cardinal Bibiéna avoit auparavant été la première comédie qu'eût encore vue l'Italie moderne.

Le siècle de Médicis donna à la scène plus de régularité, et les poëmes eurent un nouveau degré de perfection. Le Tasse renonça à un art pour lequel il n'étoit point né. Alors les Italiens commencèrent à noter leurs tragédies, à soutenir la déclamation par des instrumens : ils substituèrent le récitatif à la mélopée des scènes, et les ariettes à la musique des épodes et antistrophes. C'est de cette dégradation que naquit l'opéra : ce monstre ingénieux, fait pour plaire à l'imagination et aux sens, se traîna long-temps dans les lisières de l'enfance. Apostolo Zéno l'avoit trouvé foible et presque sans vie ; il lui donna des ailes brillantes et l'éleva à la hauteur des autres arts. Métastase ne pouvoit que lui prêter des grâces nouvelles : c'est tour à tour le frais Albane et le tendre Racine. Zéno et Métastase ont fait parler Régulus et Alcide sur un théâtre qui n'avoit animé jusque-là que des Amadis et des Arcabone. L'Arioste, Zéno, Maffei, Métastase, Goldoni et Alfieri, occupent les plus belles pages des annales du théâtre italien.

L'Espagne connut les spectacles dès que les Romains y eurent introduit la bonne poésie. Les ruines des anciens théâtres prouvent combien on se plaisoit à ces divertissemens. Mais les Goths et les autres Barbares qui assujétirent ce royaume, en chassèrent les muses, et avec elles les plaisirs de Thalie : les Arabes les y rappelèrent, et donnèrent des représentations théâtrales, qui, jointes à quelques drames provençaux, servirent de modèles aux premières comédies castillannes. Au reste, les sujets étoient, tantôt des amours de bergers, tantôt des mystères de la religion, tels que la Naissance de J. C., la Tentation dans le désert, la Passion, ou le martyre de quelque saint.

Bientôt le théâtre espagnol sortit de son obscurité : il dut son premier éclat à Lopès de Séville, et à l'illustre Michel Cervantes. Lopès de Véga, Caldéron, Solis, Moréto et Zamora, contribuèrent à la gloire dont il jouit aux yeux des Castillans. Toutefois on a observé avec justesse que ce théâtre fut constamment déshonoré par ses *Actes sacramentaux*, et que si l'enfance des Athéniens et la nôtre durèrent peu, celle des Espagnols dure encore.

La Hollande n'eut un théâtre que lorsqu'elle commença à être libre ; mais Vondel est bien loin de l'auteur de Cinna.

L'Allemagne a fait peu de progrès dans l'art dramatique depuis Haun Swacht. Il y a cinquante ans qu'on y jouait encore le mystère de la Passion. Cependant son théâtre est non moins ancien, et, jusqu'au temps de Corneille et de Molière, aussi brillant et plus fécond que le théâtre français. On y compte, depuis l'an 1480 jusqu'en

1800, plus de trois mille pièces imprimées.

Griph et Weiss, l'un auteur tragique, l'autre comique, et contemporains de Molière et de Corneille, n'ont rien fait que l'on puisse comparer à la moindre production de ces grands hommes. Gottscheld, de l'institut de Bologne, réforma la scène allemande, instruisit les acteurs, et excita les jeunes auteurs à travailler. Pitsehel, Behrmann, Kruger, Stephens, brillèrent dans le dix-huitième siècle. Leissing, Gathe, Schlegel, Ifland, Schiller et Kotzbue sont au premier rang parmi les poëtes germaniques.

On croit également que l'Angleterre n'a eu son théâtre qu'après tous ses voisins. Cependant, on parle de certains poëtes vagabonds, qui, dès le quatorzième siècle, exécutoient des farces en pleine campagne. Les Anglais eurent, comme les Italiens, les Espagnols et les Français, des mystères et des moralités, qui étoient quelquefois joués par des ecclésiastiques. La muse dramatique dormit chez eux jusqu'au milieu du seizième siècle : le lord Buckens et Edouard Feroys la tirèrent de sa léthargie, et la manie théâtrale gagna les Anglais. En 1692, il y avoit à Londres dix-sept salles de spectacle, sans compter les comédiens d'Elizabeth et les troupes des grands seigneurs.

L'*Aiguille de dame Burton*, représentée sous le règne de Henri VIII, est regardée comme la première comédie anglaise, c'est-à-dire la plus ancienne. Alors, Henri Parker composa des tragédies, et Jean Hoker s'exerça dans le genre comique. Sackville, Norton, Heywood, parurent ensuite; mais l'art n'étoit encore qu'à son enfance, et il ne reçut une véritable existence que du génie créateur de Shakespeare, le Corneille de l'Angleterre.

Shakespeare, Jonhson, Dryden, Addisson, Congrève, Wicherley, Otway, Quin, Garrick et Shéridan, seront toujours illustres dans les fastes du théâtre anglais.

Les histrions ou farceurs commencèrent leurs jeux sous les rois de France de la première race. Charlemagne, informé de leur indécence, les proscrivit par une ordonnance, en 789. Mais l'enthousiasme du peuple pour le spectacle donna lieu à un abus encore moins supportable : sous le prétexte de célébrer les fêtes des Saints, on joua des *comédies* jusque dans les églises, et la plupart de ces pièces informes étoient entremêlées de chants obscènes et de bouffonneries sacriléges (*).

(*) « Dès 1180, dit le président Hénault, on aperçoit les premières traces des représentations du théâtre : un moine, nommé *Geoffroy*, qui fut depuis abbé de

Ces abus intolérables durèrent jusqu'en 1198. Eudes de Sully, évêque de Paris, s'en plaignit amèrement : bientôt la cour et le parlement accueillirent ses plaintes ; les bateleurs furent chassés, et ces honteux spectacles entièrement abolis. Plusieurs années après, des poëtes provençaux ou *troubadours*

Saint-Alban en Angleterre. chargé de l'éducation de la jeunesse, lui faisoit représenter avec appareil des espèces de tragédies de piété. Le sujet de la première pièce dramatique fut les *Miracles de Sainte-Catherine*; ce qui est bien antérieur à nos représentations des *Mystères*, qui n'ont commencé qu'en 1398, sur un théâtre que l'on dressa à Paris, à l'hôtel de la Trinité. »

inventèrent un nouveau genre de représentation, sous les noms de *chanterels*, de *pastorales* et de *comédies*, dans lesquels ils jouèrent eux-mêmes. Le charme de la pantomime, du chant, de la rime, et plus encore de la nouveauté, attira bientôt à ces spectacles un prodigieux concours de spectateurs.

Ces troubadours prospérèrent jusqu'en 1382 ; mais la mort de la comtesse de Provence, qui les protégeoit alors, les dispersa : d'ailleurs, leur mauvaise conduite les avoit rendus odieux. Philippe-Auguste, en les chassant du royaume, dit que le théâtre du monde fournissoit assez de comédiens originaux, sans qu'on s'amusât à les copier. Quelque temps après ce monarque, instruit que les plus célèbres d'entr'eux s'étoient corrigés, leur permit de rentrer en France, et d'y rouvrir leurs spectacles.

Il faut convenir que dans ces prétendues comédies des troubadours l'on ne trouve rien qui ait le moindre rapport avec l'art dramatique.

Vers la même époque, des pélerins qui revenoient de Jérusalem arrivèrent à Paris, et se mirent à réciter et à chanter dans les carrefours et sur les places publiques ce qu'ils avoient vu de plus intéressant dans leur voyage de la Terre-Sainte. Le zèle de quelques riches bourgeois de la ville, enchantés de leurs dévots récits, et persuadés qu'ils ne pouvoient mieux servir la religion, leur fit entreprendre de former avec ces pélerins un spectacle public. Ils établirent donc un théâtre à Saint-Maur, près de Vincennes : des poëtes mirent en action tout ce que les voyageurs chantoient ou récitoient, et des placards annoncèrent l'ouverture de ce nouveau théâtre sous le titre du *Mystère de la Passion de N. S. J. C.* L'affluence du peuple fut si grande aux premières représentations, elles occasionnèrent tant de désordres et d'accidens, que le prévôt des marchands défendit ce spectacle.

Les nouveaux acteurs, consternés d'un ordre qui renversoit leurs espérances de fortune, après en avoir conféré avec leurs enthousiastes protecteurs, sollicitèrent à la cour leur rétablissement. Charles VI leur ordonna de jouer le fameux mystère en sa présence. Il en fut si satisfait, qu'il leur accorda, l'an 1402, des lettres patentes pour leur rétablissement dans la capitale. En vertu de ce privilége, les pélerins-acteurs prirent le titre de *Confrères de la Passion*, et fondèrent, rue Saint-Denis, à l'hôtel de la Trinité, un théâtre où ils représentèrent, les dimanches et fêtes, des *mystères* dont les sujets étoient tirés de l'Ancien ou du Nouveau Testament et de la vie des Saints.

Leur établissement fit un si grand bruit dans le royaume, que les villes principales en formèrent de semblables. Celles d'Angers, de Rouen et de Metz, furent les premières qui en donnèrent l'exemple; il fut bientôt imité par toutes les autres.

Ce premier théâtre subsista ainsi près de cent cinquante ans; mais l'uniformité d'un spectacle trop sérieux commençant à le faire abandonner, les Confrères imaginèrent de l'égayer et de le soutenir par des divertissemens. Pour y mieux réussir ils s'associèrent avec le *Prince des Sots* et sa troupe: ceux-ci étoient des farceurs, tous fils de famille, qui, sous le nom d'*Enfans sans souci*, jouoient de petites pièces, et avoient un chef ou directeur.

En 1548, la société acheta l'ancien hôtel des ducs de Bourgogne, et y fit construire un théâtre. Le parlement lui permit de s'y établir, à condition de ne jouer que des sujets profanes, mais décens. Un tel ordre blessa la piété des confrères de la Passion; ils cédèrent à une troupe de comédiens qui venoit de se former à Paris leur droit de propriété, moyennant une rétribution annuelle, et se retirèrent de la carrière théâtrale. Le nouveau spectacle continua la sienne avec le plus grand succès.

Il n'étoit pas le seul qui amusât

les citoyens de Paris. Déjà les clercs de la Bazoche, qui s'étoient acquis de la réputation par leurs poésies, avoient obtenu la permission de jouer sur un théâtre particulier leurs propres ouvrages, et ils étoient devenus les rivaux des comédiens de l'hôtel de Bourgogne.

Louis XII avoit protégé les acteurs, et encouragé les poëtes à fronder sans ménagement les vices de ses sujets. Aussi couroit-on en foule à la représentation des *Mystères*, des *Soties*, des *Moralités* et des *Farces*. Les farces et les soties étoient consacrées à la gaieté et à la plaisanterie, que l'on portoit toujours jusqu'à la licence, et dans les images et dans les expressions.

François Ier. fit ordonner aux comédiens de supprimer les satires de leurs pièces, et le théâtre commença dès lors à s'épurer.

L'imprimerie découverte sous Louis XI, les lettres rétablies sous François Ier., avoient ouvert une nouvelle carrière. Plus nos ancêtres acquéroient de connoissances, plus ils devoient apercevoir la ridicule absurdité de leurs spectacles. Cependant, jusqu'en 1551, nous ne voyons personne qui ait tenté de les arracher à la barbarie où ils étoient plongés. Quelques savans, il est vrai, avoient essayé d'y introduire des pièces traduites du théâtre des anciens : Octavien de Saint-Gelais avoit traduit les comédies de Térence ; G. Bouchetel et T. Sibilet, les tragédies de Sophocle et d'Euripide ; mais ces versions ne servirent d'abord qu'à faire entrevoir les effets que pouvoient produire les ouvrages dramatiques, et à montrer de très loin la route qu'on devoit suivre.

E. Jodelle osa le premier, en 1552, composer une tragédie et la faire représenter. Sa *Cléopâtre* obtint un succès prodigieux ; Henri II assista, avec toute sa cour, à la seconde représentation, et en fut si content qu'il fit remettre à l'auteur une gratification de 500 écus. La nouveauté de ce spectacle fit la plus grande partie de la réputation de Jodelle.

J. de la Péruse et L. Grévin donnèrent des pièces dont ils avoient aussi composé le plan et la fable, et ils adoptèrent toujours pour modèles les Grecs ou les Latins.

Il étoit réservé à R. Garnier de commencer à tirer la tragédie de cette espèce d'enfance où elle végétoit encore. Admirateur des anciens, et sur-tout de Sénèque le tragique, il ne voulut pas, comme Jodelle, les imiter servilement. Son *Hippolyte*, représenté en 1573, lui fit un nom célèbre, mais bientôt oublié.

A. Hardi fit faire un pas de plus à Melpomène. Doué d'une facilité singulière, et d'une imagination vive et féconde, quoique peu réglée, il fit plus de huit cents pièces de théâtre, mauvaises à la vérité, mais où il régnoit une sorte d'énergie et de chaleur qui dut produire d'autant plus d'effet que son siècle étoit moins éclairé. Tous ces drames ont été représentés, et s'ils n'ont pas enseigné la route qui mène à la gloire, ils ont du moins indiqué un grand nombre de fautes qui conduisent à une chute honteuse.

Le théâtre eût été long-temps plongé dans une profonde obscurité sans le secours du cardinal de Richelieu. Ce ministre, dit le duc de la Vrillière, crut avec raison augmenter l'éclat de sa renommée en protégeant les sciences, et sur-tout les talens dramatiques ; et cette protection échauffa le génie des auteurs.

Rotrou perfectionna le dialogue et composa *Venceslas*. Scudéry introduisit la règle des vingt-quatre heures. Mairet étudia avec succès ce qui concernoit les règles et la constitution de la fable.

Toutes ces découvertes n'avoient point encore produit de bons ouvrages : on avoit fait quelques pas de plus dans la carrière ; mais personne n'avoit encore atteint le but. Il n'appartenoit qu'au génie de franchir l'intervalle immense qui sépare la médiocrité de la perfection ; de réunir toutes les règles et d'en former un faisceau de lumières ; de faire briller à la fois la noblesse de la poésie, la dignité, la variété et l'ensemble des caractères, et de produire enfin des ouvrages supérieurs à ceux qui ont immortalisé les Sophocle et les Euripide, et qui seront admirés tant que les hommes conserveront l'amour du beau et du sublime. A ces traits on reconnoît P. Corneille, si justement surnommé *le grand.*

Le *Cid*, qu'il mit au théâtre en 1637, fit pressentir à quel degré d'élévation il alloit porter l'art dramatique. Il n'imita personne : où Corneille a-t-il puisé les beautés tragiques des Horaces, les détails imposans de Pompée et de Sertorius, les nobles scènes de Cinna, d'Héraclius, de Polyeucte; le cinquième acte de Rodogune, l'un des plus grands tableaux qu'on ait jamais montré sur la scène? Où a-t-il puisé l'art de l'exposition et du dialogue, le mérite unique jusqu'à lui de remplir l'étendue du drame avec une action majestueuse et simple? Dans son ame, dans son génie. Ses admirables tragédies, en fixant la perfection de ce genre de poëme, firent la gloire du siècle, de l'auteur et de la nation.

Pour mériter avec justice la supériorité sur tous les théâtres de l'Europe, il ne nous manquoit plus que de voir la comédie élevée au même point où étoit montée la tragédie. Molière parut : il s'annonça, en 1658, par sa pièce de l'*Etourdi*. Il enrichit bientôt la scène de plusieurs chefs-d'œuvre qui obtinrent et méritèrent le plus grand succès; et, jusqu'au moment où la France le perdit, il jouit des suffrages et de l'admiration d'un peuple éclairé et reconnoissant. Molière pouvoit dire comme l'auteur des Horaces :

Je ne dois qu'à moi seul toute ma renommée.

Comme il fut le restaurateur, ou, pour mieux dire, le créateur de son genre : il avoit étudié avec attention, non-seulement les productions des anciens comiques, mais aussi celles des Espagnols et des Italiens; et il fut supérieur à tous. Jamais poëte comique ne sut mieux que lui remplir le précepte qui veut que la comédie instruise en divertissant. Lorsqu'il raille les hommes sur leurs défauts, il leur apprend à s'en corriger ; et peut-être verrions-nous encore aujourd'hui régner les travers et les sottises qu'il a condamnés, si les portraits qu'il a faits d'après nature n'avoient été autant de miroirs fidèles où se sont reconnus les personnages qu'il a joués. Esprit inventif et fécond, seul il a connu l'art d'attacher également et d'amuser le spectateur par un fonds intarissable de gaieté réunie à un but moral, et toujours résultante de l'ordonnance des plans ; peintre philosophe des vices et des ridicules, il a su donner à ses couleurs de l'éclat et de la vivacité, du mouvement et de la vie pour tous les temps ; génie robuste et inimitable au milieu des variations d'un siècle et demi, il n'a dû sa consistance inaltérable qu'au soin particulier qu'il eut de rendre plutôt la nature qui demeure, que le moment qui passe ; et sa gloire est vaste comme son génie, immortelle comme la vérité.

Corneille, attaché seulement à l'élévation des idées et à la noblesse des caractères, n'avoit regardé l'amour que comme un moyen, un sentiment accessoire uniquement propre à nuancer les grands tableaux ; il avoit peu cherché à développer les effets de cette passion impétueuse. Racine entreprit de marcher son égal en se frayant une route nouvelle. Il fit de l'amour la base de ses tragédies, et il les embellit de tout ce que l'élégance du style et de l'harmonie des vers ont de plus touchant et de plus enchanteur. Le tissu de sa diction est si fini qu'on n'y peut rien déplacer, rien ajouter, rien retrancher. Nul poëte français n'a manié avec plus d'empire un idiome souvent rebelle, ni avec plus de dextérité un instrument toujours difficile. Toujours noble, toujours exact, il joignit le plus grand art au génie, et se servit quelquefois de l'un pour remplacer l'autre : il élève moins l'ame que le père de la tragédie ; mais il a le secret de la remuer davantage. On admire dans toutes ses pièces ce talent sublime, ces développemens vastes et profonds des replis du cœur humain ; ce flux et reflux si continuel et si orageux de toutes les passions qui peuvent bouleverser une ame ; ces mouvemens rapides qui se croisent comme des éclairs ; ce passage subit des imprécations de la haine à toutes les tendresses de l'amour, des effusions de la joie aux transports de la fureur, de l'indifférence et du mépris affecté au désespoir qui se répand en plaintes et en reproches ; cette rage, tantôt sourde et concentrée, et méditant tout bas les horreurs de la vengeance ; tantôt forcenée et jetant des éclats terribles. Enfin, le grand Racine produisit des chefs-d'œuvre qui lui méritèrent l'honneur d'être mis en parallèle avec le grand Corneille.

Tous les genres sembloient épuisés ; on avoit de si beaux modèles, qu'il devoit paroître téméraire de s'en écarter : cependant Crébillon, ne pouvant asservir son génie à suivre les traces des grands hommes qui l'avoient précédé, sut s'ouvrir une autre carrière, et offrir aux yeux étonnés des tableaux inconnus jusqu'alors. Il osa hasarder ces spectacles terribles, qui firent autrefois la gloire du théâtre des

Grecs, et qui font aujourd'hui l'un des ornemens du nôtre.

Regnard, le meilleur de nos poëtes comiques après Molière, Dufresny, Dancourt et Destouches, ajoutèrent de nouveaux lauriers à la couronne de Thalie, et occupent une place distinguée sur le Parnasse dramatique.

Tels ont été les progrès successifs du théâtre français. Il paroissoit alors ne pouvoir plus rien acquérir ; mais les ressources du génie sont inépuisables. A côté des grands hommes qui ont illustré le siècle de Louis XIV, on doit sans doute placer ce génie fécond et sublime, qui, ayant embrassé tous les genres et réussi dans tous, poëte, historien, philosophe, a réuni des talens dont un seul immortaliseroit un écrivain.

Sans parler des productions étrangères à notre sujet, quel droit n'a pas à nos éloges et à notre reconnoissance l'immortel Voltaire, qui non-seulement a conservé au plus noble des arts toute sa splendeur, mais qui, par de nombreux chefs-d'œuvre, a su l'augmenter encore! Imitateur de Corneille et de Racine, il les a quelquefois égalés par la noblesse, la grandeur, la sublimité des idées, et par la connoissance du cœur humain; et souvent il les a surpassés par le choix presque toujours philosophique de ses sujets, par la force et la vérité des sentimens, par la richesse et la variété du coloris.

De Belloi, Lemierre, Sauvigny, Marmontel et Laharpe, Marivaux, Piron, Gresset et Dorat obtinrent plus d'un succès dans l'un et l'autre genre, et le XVIIIe. siècle leur est redevable d'une partie de sa gloire.

Si Thalie doit regretter l'énergique auteur du *Philinte*, qui peut-être seroit devenu le Molière du siècle où nous vivons, elle n'oubliera jamais Collin, dont le talent captivoit tous les suffrages, dont le caractère gagnoit tous les cœurs.

Melpomène gémit encore sur la tombe récente de Chénier, de Lancival, de Legouvé.

Notre siècle s'énorgueillit du

poëte tragique qui nous a fait connoître les beautés mâles de la scène anglaise ; il estime les auteurs d'*Agamemnon*, de *Marius*, d'*Omasis*; sourit au poëte comique qui nous a donné l'*art de la comédie*; à ceux qui ont produit l'*Ecole des Pères*, les *Etourdis*, la *Petite Ville*, le *Tyran domestique* et l'*Intriguante*; accueille les auteurs d'*Œdipe à Colonne*, de *Panurge*, de la *Vestale* et de *Stratonice* ; enfin, applaudit aux efforts des poëtes, des musiciens et des acteurs, qui, marchant sur les traces des Corneille, des Molière et des Lekain, des Quinault, des Grétry et des Jeliotte, des Novère, des Panard et des Clairval, ont acquis de la célébrité dans tous les genres de l'art dramatique.

C'est donc en vain que nos misanthropes littéraires se plaisent à déplorer l'absence du génie, et proclament amèrement la décadence du goût. Sous le gouvernement paternel d'un héros et d'un sage, de vigoureux athlètes s'élancent à l'envi dans la carrière, et sont prêts à disputer aux Anciens la palme du talent et les couronnes de la postérité.

FIN.

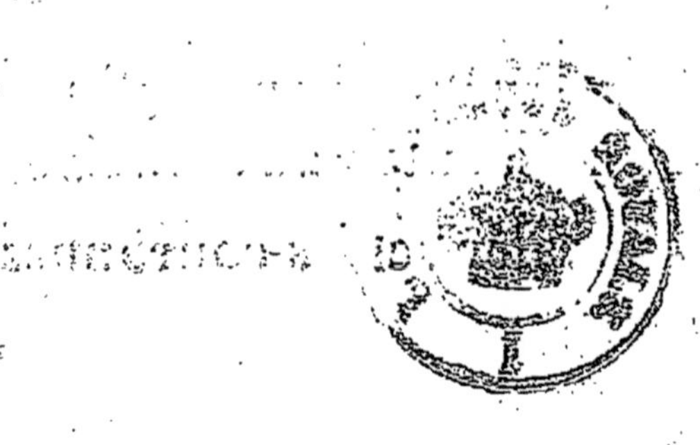

www.ingramcontent.com/pod-product-compliance
Ingram Content Group UK Ltd.
Pitfield, Milton Keynes, MK11 3LW, UK
UKHW022027170726
13837UKWH00001B/449

9 782329 103181